MEDITACIÓN

Técnicas simples de meditación para eliminar la depresión

(Aprenda como meditar para obtener la paz interior y felicidad)

Astor Cruz

Publicado Por Daniel Heath

© **Astor Cruz**

Todos los derechos reservados

Meditación: Técnicas simples de meditación para eliminar la depresión (Aprenda como meditar para obtener la paz interior y felicidad)

ISBN 978-1-989853-88-7

Este documento está orientado a proporcionar información exacta y confiable con respecto al tema y asunto que trata. La publicación se vende con la idea de que el editor no esté obligado a prestar contabilidad, permitida oficialmente, u otros servicios cualificados. Si se necesita asesoramiento, legal o profesional, debería solicitar a una persona con experiencia en la profesión.

Desde una Declaración de Principios aceptada y aprobada tanto por un comité de la American Bar Association (el Colegio de Abogados de Estados Unidos) como por un comité de editores y asociaciones.

No se permite la reproducción, duplicado o transmisión de cualquier parte de este documento en cualquier medio electrónico o formato impreso. Se prohíbe de forma estricta la grabación de esta publicación así como tampoco se permite cualquier almacenamiento de este documento sin permiso escrito del editor. Todos los derechos reservados.

Se establece que la información que contiene este documento es veraz y coherente, ya que cualquier responsabilidad, en términos de falta de atención o de otro tipo, por el uso o abuso de cualquier política, proceso o dirección contenida en este documento será responsabilidad exclusiva y absoluta del lector receptor. Bajo ninguna circunstancia se hará responsable o culpable de forma legal al editor por cualquier reparación, daños o pérdida monetaria debido a la información aquí contenida, ya sea de forma directa o indirectamente.

Los respectivos autores son propietarios de todos los derechos de autor que no están en posesión del editor.

La información aquí contenida se ofrece únicamente con fines informativos y, como tal, es universal. La presentación de la información se realiza sin contrato ni ningún tipo de garantía.

Las marcas registradas utilizadas son sin ningún tipo de consentimiento y la publicación de la marca registrada es sin el permiso o respaldo del propietario de esta. Todas las marcas registradas y demás marcas incluidas en este libro son solo para fines de aclaración y son propiedad de los mismos propietarios, no están afiliadas a este documento.

TABLA DE CONTENIDO

Parte 1 1

Introducción 2

Precauciones Especiales *3*

Capítulo 1: ¿Qué Es La Meditación? 5

Beneficios De La Meditación *6*

Capítulo 2: Componentes Importantes De La Meditación . 13

La Posición De Loto *17*
La Posición De Medio Loto *18*
Ejercicio De Relajación Física *19*
Objetivo De La Meditación *20*

Capítulo 3: ¿Cómo Meditar? 22

Cultivandoatención Plena *23*
Sintiendo Un Objetivo *24*
Deteniendo Y Sintiendo *25*
Meditacióncaminando *25*
Auto-Comentar *26*
Repaso Diario *26*
Meditación Respirando *27*
Meditación Con Latidos Del Corazón *29*
Usando Objetos *30*
Meditación Musical *31*
Resolver Problemas Con La Meditación *31*
Lidiar Con Sentimientos 'Angustiosos' *33*
Ejercicio De Desapego *34*
Motivando El Éxito *35*
Enfocarte En Una Idea *36*
Relajación Mental *37*
Meditación En Movimiento *38*
Ejercicio De Ver Pensamientos *39*
Ejercicio Conociendo Al Conocedor *40*
Trabajandocon Zen Koans *41*

Capítulo 4: Solucionar Problemas De Meditación 43

Encontrar Tiempo Para Meditar 43
Actitudes Útiles Para La Meditación 45
Ejercicio Para Eliminar La Incomodidad Y Las Distracciones 50

Conclusión –Después De Meditar 53

Parte 2 55

Introducción 56

Capítulo 1 60

¿Por Qué Meditar? 60

SABIDURÍA ANTIGUA PARA MANTENERTE SANO 60
LOS BENEFICIOS FÍSICOS 60
BENEFICIOS MENTALES 61
BENEFICIOS ESPIRITUALES 63

Capítulo 2: 66

¿Dónde Comenzar? 66

LISTO, PREPARADO, ESPERA 66
TU PRIMER EJERCICIO DE MEDITACIÓN 67
EMPIEZA AHORA 68
DESTAPANDO LAS PROFUNDIDADES DE TU ALMA 69

Capítulo 3: 71

Preguntas Frecuentes 71

LA MEDITACIÓN EN UN VISTAZO 71
¿ME VOLVERÉ DEMASIADO RELAJADO? 71
NO TENGO TIEMPO PARA MEDITAR 72
¿CÓMO ME SIENTE REALMENTE HARÁ LA DIFERENCIA? 73
¿QUÉ SUCEDE SI NO PUEDO MANTENERME DESPIERTO MIENTRAS MEDITO? 74
¿ESTOY MEDITANDO BIEN? 75
¿PUEDO MEDITAR MIENTRAS ME MUEVO O EN MI ESCRITORIO? ... 77

¿ESTO ES ALGO RELIGIOSO?.. 78
¿QUÉ PASA SI MI FAMILIA NO LO ENTIENDE? 79
¿REALMENTE MEJORARÁ MI SALUD? 80
¿PUEDEN LOS SONIDOS MEJORAR MI MEDITACIÓN?..................... 81
LOS DIFERENTES ESTADOS DE ONDA CEREBRAL............................. 82
¿QUÉ HAY SOBRE CANTAR? 88
¿NECESITO UN MAESTRO? 89
¿POR QUÉ PODRÍA NECESITAR UN MAESTRO? 91
¿QUÉ BUSCAR EN UN MAESTRO?.. 94
ENCONTRANDO A UN MAESTRO 96
TU PROPIA SABIDURÍA INTERIOR 96

Capítulo 4: 101

Consideraciones Prácticas 101

CÓMO VESTIR.. 101
DÓNDE MEDITAR 101
CÓMO SENTARSE... 103
¿OJOS ABIERTOS O CERRADOS?.. 105
RESPIRACIÓN MIENTRAS MEDITAS.. 105
RESPIRAR AYUDA A ELIMINAR LAS TOXINAS Y EN LA DESINTOXICACIÓN
.... 107
RESPIRACIÓN PROFUNDA TE AYUDA A RELAJARTE........................ 107
LA RESPIRACIÓN PROFUNDA AYUDA A ENFOCAR LA MENTE 108
LA RESPIRACIÓN PROFUNDA AYUDA A LIBERAR DOLOR................. 108
LA RESPIRACIÓN PROFUNDA REFUERZA LA CIRCULACIÓN 108
LA RESPIRACIÓN PROFUNDA AYUDA AL DESARROLLO MUSCULAR Y A LA
CIRCULACIÓN.. 109
LA RESPIRACIÓN PROFUNDA OXIGENA LA SANGRE........................ 110
LA RESPIRACIÓN MEJORA LA CALIDAD DE LA SANGRE 110
LA RESPIRACIÓN PROFUNDA AYUDA A MEJORAR LA CAPACIDAD DE LOS
PULMONES Y LA SALUD.. 110
LA RESPIRACIÓN PROFUNDA FORTALECE EL SISTEMA CARDIOVASCULAR
.... 111
LA RESPIRACIÓN PROFUNDA TE AYUDA A PERDER PESO 111
LA RESPIRACIÓN PROFUNDA AYUDA A INCREMENTAR LOS NIVELES DE
ENERGÍA... 112

La Respiración Profunda Ayuda A Las Células A Regenerarse 112
¿Cómo Respirar Correctamente? 112
La Respiración Profunda Hecha Apropiadamente 113

Capítulo 5: 116

Se Comprometido.. 116

Hábitos Que Mejorarán Tu Experiencia 116
Escoge Un Estilo Que Funcione 116
Esfuerzo Consistente 117
Tiempo De Sesiones Razonables.. 118
Manteniendo Notas 119
Las Páginas De La Mañana... 121
Meditación De La Atención Plena En Expansión.................. 122

Capítulo 6: 124

Simple Meditación Para Principiantes 124

Formas Fáciles Para Desarrollar Tus Habilidades 124
Un Ejercicio De Relajación Básica 125
Una Meditación Significativa 125
Algunas Meditaciones Básicas Trascendentales.................. 127
Meditación A Través De La Respiración 128
Relajación Profunda 130
Sonidos De Meditación 132
Oraciones De Meditación 132

Capítulo 7: 135

Meditación De Atención Plena 135

Para Cuando No Tenga El Tiempo De Sentarse Y Meditar 135

Cambiando El Enfoque De Tu Atención Interior 136
Relajación Total 139
Caminar Conscientemente... 140
Comer Conscientemente 142
Meditación De Curación Ligera 144

SONRISA CONSCIENTE 145
LUGAR PACIFICO 147

Capítulo 8 149

Meditación Guiada 149

TÉCNICAS MÁS AVANZADAS PARA MEDITADORES PRÁCTICOS 149
BALANCEO DE CHACRAS 149
EL PRIMER CHACRA 152
EL SEGUNDO CHACRA 153
EL TERCER CHACRA 154
EL CUARTO CHACRA 154
EL QUINTO CHACRA 155
EL SEXTO CHACRA 156
EL SÉPTIMO CHACRA 157
MEDITACIÓN GUIADA 157
MEDITACIÓN PARA ABRIR EL CORAZÓN 159
MEDITACIÓN PARA LIMPIAR TU CENTRO 161

Capítulo 9: 163

Terminando La Meditación 163

RELÁJATE EN EL MUNDO REAL 163
CUANDO ESTÉS TERMINANDO 163
¿CÓMO TE SIENTES? 164
ESTÍRATE Y RESPIRA 164
LEVÁNTATE Y HAZ NOTAS 164
REGRESA A LA VIDA 164

Capítulo 10: 165

Problemas Que Puedes Encontrar 165

UANDO NO FUNCIONA PARA TI 165
FALTA DE TIERRA 165
PENSAMIENTOS INESPERADOS 167
ERES MUY DURO CONTIGO MISMO 169
SENTIR SUEÑO 171
SINTIÉNDOTEINQUIETO 172

Aburrimiento 173
Miedo 175
El Miedo Es Un Desafío No Un Obstáculo 176
Dudas 176
Procrastinar 178
Hipervigilancia 179
Juicio Personal 180
Picazón En El Cuerpo Y Otras Distracciones 181
Constante Chequeo De Postura 182
Después Solo Me Siento Más Agitado 182
Simplemente No Puedo Hacer Que Mi Mente Juegue A La Pelota ¿Eso Significa Que No Puedo Meditar? 183

Conclusión 184

Parte 1

Introducción

Quiero agradecerte y felicitarte por descargar el libro.

En la incapacidad de una persona para usar bien su mente se pueden trazar, para mencionar algunos de los productos de una mente mal manejada, frustraciones, desilusiones, malas decisiones. La meditación le devuelve a la persona su posiciónlegítima de propietarioy maestro de su mente. Con la mente bajo control, una personaencuentra más fácil superar obstáculosy estardonde quiera estar.

La meditación no es magia. Meditar solo podría no 'atraer' o 'manifestar' tus deseos enla realidad. Sin embargo, va a transformartu maquillajepsicológico de manera que tú mismo (y no alguna fuerza misteriosa) hagas suceder cambios positivos.

Este libro es para personas como tú que quieren meditar porque saben que es bueno para sí mismos.Este tiene lo que necesitas para entender la práctica y realizarla correctamente e incluye simples ejercicios que describen sus varias aplicaciones. Conociéndolas, tú puedes crear tu propio ejercicio meditativo si eso quieres.

Beneficios principalesque obtendrás de este libro:

Entender qué es y qué no es la meditación

Saber cómo te beneficiarás del meditar

Conocer los componentes importantes de la meditación

Saber cómo superar los retos de la meditación

Obtener instrucciones de cómo aplicar la meditación en cualquier área de tu vida

Precauciones Especiales

Si actualmente estás acudiendo a un terapeuta, consúltale antes de comenzar a meditar.No dejes que la meditación tome el lugar del tratamiento médico. Meditarpuede incrementar la habilidad de tu cuerpo y de tu mente para cuidarse a sí mismo, pero podría no curar por completo enfermedades físicas o mentales por su cuenta. Permite que la meditación ayude más no que sustituya la intervención médica. Recuerda que este libro es sólo una guía. Yo no soy legalmente responsable; busca atención médica profesional antes de aplicar cualquiera de las técnicas.

Gracias nuevamente por haber descargado este libro, ¡espero que lo disfrutes!

Capítulo 1: ¿Qué es la Meditación?

"Meditar es la experiencia dela naturaleza ilimitada de la mente cuando cesa de ser dominada por su usual charla mental." – David Fontana

La meditación podría parecer un ritual misterioso reservado para personas especiales, pero en realidad es simplemente el acto de controlarla propia conciencia. Viene en varias formas – algunas son de hecho muy exóticas e involucran una colección de creencias y de tradiciones de grupos específicos. Tú podrías suscribirte a un sistema de creencias cuando meditas, pero no es necesario.En el corazón de cualquier práctica meditativa está el control de tu propia mente. Al tener el control de tus propios pensamientos, puedes considerarte a ti mismo una persona que medita.

Controlartu mente significa ser consciente de lo que piensas, evaluandosi es o no útil para ti, fortaleciendo lo que es positivo y soltando lo que es negativo. Esto enriquecerá tu vida de muchas maneras. También te ayudará a romper tus barreras personales.

La gente medita por varias razones – porque es parte de su religión o de su cultura, porque los gurús les enseñaron que hacerlo los liberadel estrés y porque proporciona muchos beneficios. Algunas personas meditan naturalmente sin saber que ya lo están haciendo.

¿Qué hizo que decidieras meditar? Es importante que sepas por qué tienes la intención de meditar, ya que tener una buena razón para ello te ayudará a mantenerlo. Podrías haber escuchado ya los beneficios de la meditación, pero, por el bien de recordártelos en tiempos difíciles, aquí hay una visión general de algunos de ellos.

Beneficios de la Meditación

La meditaciónaumenta tu control sobre los

acontecimientos en tu vida.Tu mentees el lente a través del cual percibes la realidad. Meditarfortalece tu mente, mejora tu habilidad para decidir cómo la realidad te afectará y tu capacidad para hacer frente a la vida. Esto te permite ganar más acceso a tus recursos internos y desprenderte de lo estresante y de otras cosas que te debilitan.

La meditaciónrealzatu autodisciplina, ya que tú incrementas tu fuerza de voluntad y control emocional; por ende, tomas mejores decisiones y acciones. Se te hará más fácil eliminar malos hábitos y mantener compromisos. De hecho, también reduce la dependencia de vicios como el alcohol y los cigarros.

La meditaciónagudiza tu intelecto. Uno de sus beneficios más discutidos es que remueve ilusiones. Esto es cierto, no solo en el sentido metafísico, sino también en el sentido común. Meditar te da una perspectiva más clarapara analizar las cosas más racionalmente.

Con la meditaciónte vuelves más eficiente. Ésta libera tu mente de las distracciones para que pueda funcionar lo mejor posible. Como parte de los efectos, tu enfoque, memoria, creatividad y habilidades multitarea también mejoran. Inclusive construye materia cerebral real, haciéndote más enfocado, estable emocionalmente y menos susceptible a la degeneración mental.

La meditaciónte energiza. Hay técnicas de meditación diseñadas para darte energía, pero, de cualquier forma, meditar impulsa a tu poder personal. Muchos factores ahogan tu fuerza interior, como creencias inútiles, pensamientos obsesivos y emociones desagradables. Meditar corta la unión con estas para que tengas más energía disponible.

La meditación te endurece. Esto no significa que te volverá cruel o despreocupado. Lo que significa es que mejora tu resistencia contra las cosas que solían molestarte. Meditar regularmente profundiza tu entendimiento de lo que sucede en tu mundo interno y con ese entendimiento obtienes la habilidad de permanecer calmado ante situaciones molestas. Te recuperas mejor de los intentos por esta razón.

La meditación te hace más amable. Meditar te permite comprenderte a ti mismo hasta un punto en el que también se te hará más fácil comprender a los demás. Te será posible separarte de tus propios problemas y ver desde la perspectiva de alguien más. Esto debido a que tienes un mayor control sobre tus reacciones y dejas de defenderte de las fallas de otros. Muchas personas han descubierto también a través del meditar que están conectadas a todos y a todo, así que la amabilidad y la tolerancia son inevitables para ellas.

La meditación mejora tu vida social porque tu empatía y tu tolerancia incrementarán. Te relacionarás con otros con mayor facilidad, igualmente cuidarás mejor tus relaciones.

La meditaciónayuda a que te ames a ti mismo.Eres más amable y tolerante contigo mismo a medida que te encuentras más en paz con las cosas. Tu auto-aceptación estimula tu autoestima, por lo que encuentras natural mostrar quién realmente eres.

La meditaciónte da estados de ánimo agradables y te hace relajar. La relajación activa el sistema nervioso parasimpático, el cual conduce a buenos sentimientos. La felicidad es un efecto secundario común de la meditación. Dicho sistema también disminuye tus estados de ánimo negativos. Gradualmente serás menos ansioso, irritable ytriste. Podrías gustarle más a las personas porque es agradable estar contigo.

La meditaciónpuede ser buena para tu salud. Numerosas enfermedades son causadas por el estrés y la tensión. La relajación y la tranquilidad de meditar pueden contrarrestar sus causas y reponer tu bienestar. En particular, pueden reducir dolores, normalizar la presión sanguínea y el ritmo cardíaco, aliviar tensiones musculares, tratar el insomnio, reforzar el sistema inmune, reducir inflamaciones y rejuvenecer células.

La meditaciónpuede hacerte descubrir cosas. Esta amplifica tu atención, por lo que podrías obtener información valiosa que antes no estaba disponible, o no era visible, para ti. De hecho, hay cantidades de relatos de experiencias psíquicas durante la meditación, y una forma de desarrollar habilidades psíquicas es meditar con regularidad.Sin embargo, no debes distraerte con visiones mientras meditas. El punto de este ejercicio es el de mantener tu enfoque en un objetivo por un periodo de tiempo. Podrías simplemente reconocer lo que ves y, luego de que hayas terminado, lidiar con ello.

La meditación te hace mas presente.Esto significa que tú puedes dedicar más de ti a lo que está pasando en el instante –

llevando a un mayordisfrute y eficiencia.

La meditaciónte acerca a lo Divino. Puede proporcionarte experiencias sagradas, como ganar un sentido de propósito y contactar a algo más grande que tú mismo. La meditación profunda es también conocida como una de las maneras a través de las cuales se puede alcanzar la iluminación y la liberación.

Como puedes ver, meditar vale enteramente el esfuerzo y el tiempo que le dediques. Siempre que te sientas atrapado, recuerda por qué decidiste meditar, ajusta algunas cosas para hacerlo más sencillo, e intenta nuevamente. Los próximos capítulos van a enseñarte con exactitud qué necesitas para comenzar a meditar y ser bueno en ello.

Capítulo 2: Componentes Importantes de la Meditación

"La oración perfecta no consiste en muchaspalabras.El recuerdo silencioso y la intención puraelevanel corazón a ese Poder supremo." — AmitRay

Como mencioné en elCapítulo 1, hay muchas formas de meditar, pero, a pesar de sus diferencias, todas ellas apuntan a entrenar la conciencia de una persona de manera que pueda tener mejor control sobre ella. Estos son algunos de los componentes principales de la meditación, que son comunes entre varias técnicas:

Ambiente
Posición
Relajación
Objetivo

Todos estos factores deberían ayudar a una persona a entrar a un estado meditativo. Antes de discutir cada uno de estos a detalle, es útil saber qué es un estado meditativo.

Un estado meditativo es unestado de conciencia caracterizado por los siguientes factores:

Cuerpo - tranquilo, cómodo, relajado, respiración y ritmo cardíaco lento, podría tener una sensación de flotar

Emociones – pacíficas, balanceadas, desprendidas

Mente – inactiva, conciencia relajada, pensamiento claro, observador, enfocado

Comportamiento – pasivo, inactivo, movimientos lentos y deliberados

La meditaciónconduce a un estado meditativo. Tú sabrás si estás o no meditando correctamente si notas en ti mismo las características anteriores.

Ambiente

Puedes meditar en cualquier lugar siempre y cuando puedas desconectarte de las distracciones. Si todavía no estás acostumbrado a hacerlo, es recomendable apartarse a un lugar adecuado para meditar.

Algunas de las característicasde un lugar

para meditar son:
Tranquilo y poco iluminado
Agradable
Cómodo
Seguro
Despejado
Con las cosas que necesitas a fácil acceso
Decorado con objetos/imágenes significativas
Fornido con artículos que te permitan entrar en trance (cristales, mandalas, inciensos, gongs)
Con pocas o ninguna distracción.

Tener un lugar especial para meditar ayudará a preparar tu mente para que puedas alcanzar el estado meditativo con más rapidez y facilidad. Puedes meditar en tu cuarto, librería, iglesia, parque, o donde sea que puedas evitar ser disturbado. Si puedes, coloca un letrero de 'No molestar' fuera del lugar, o solo dile a los demás que eviten interrumpirte mientras meditas.

Posición

Varias técnicas meditativas requieren que

asumas una posición particular. La mayoría de ellas involucran mantener la espina dorsal recta, erguida. Se cree que cuando la espina está derecha, las energías que pasan a través de ella pueden fluir más libremente. Prácticamente, una espalda derecha distribuye el peso equitativamente y disminuye la tensión en los músculos.

Hay prácticas de meditaciónque necesitan que estés quieto, aquellas que necesitan movimientos específicos y aquellas en las que puedes moverte libremente. Como ejemplos, yoga, taichí, y qi-gong chino usan posiciones y movimientos específicos. Tú podrías aprenderlos si deseas, pero, de nuevo, cualquier posición o movimiento funciona mientras que te ayude a concentrar.

Aquí hay algunas posiciones comunes para meditar:

Sentadoen una silla con tu espalda derecha y tus pies apoyados sobre el piso

Sentado en el piso o en un cojín firme idealmente de 4 a 6 pulgadas de grueso

Sentado con las piernas cruzadas
Sentado en posición de loto o medio-loto
Acostado (no recomendadoporquepuede que te quedes dormido)
Acostado de lado con la cabeza apoyada en un brazo

Puedes descansar tus manos en tu regazo o en tus rodillas, presionándolas juntas en posición de rezar;realizar mudras (posiciones de yoga con las manos), osimplemente déjalas libres a los costados.

La posición de loto
Esta es una posición clásica para meditar:
Siéntate en elpiso ytira tu pie izquierdo hacia ti. Déjaloen reposo sobre tu muslo derecho, con la suela hacia arriba.
Levanta tu pie derecho y déjalo en reposo sobre tu muslo izquierdo, con la suela hacia arriba y el talón cerca de tu estómago.
Tus pies deberían tocar el piso
Endereza tu espalda: mueve tus hombros hacia atrás y levanta tu pecho. Deja que tu mentón, o tu barbilla, esté paralelo al piso.

Descansa tu lengua en el techo de tu boca. Relaja tu mandíbula de manera que tus dientes superiores e inferiores se toquen entre sí levemente.

La posición de medio loto

Esta es similar a la pose de loto completa, pero solo una planta del pie apunta hacia arriba, mientras que la otra descansa en el piso. Haz esto si la posición de loto es incómoda para ti.

Relajación

Un cuerpo tenso y una mente problemática hacen que sea difícil concentrarse, por eso muchos ejercicios de meditación incluyen relajación. Meditar significa sostener tu conciencia, así que necesitas sentirte lo suficientemente cómodo para no prestarle atención a lo que es irrelevante para tu meditación.

Recuerda, relajación no significa quedarse dormido. En la meditación, tú necesitas reconocer distracciones y tensiones, y dejarlas ir. Así que debes permanecer consciente de lo que estás haciendo. No obstante, podrías meditar para que duermas con mayor facilidad.

Ejercicio de Relajación Física

Deliberadamente, tensar y soltar músculos causa la sensación de relajación. Podrías también escanear mentalmente tu cuerpo para tensar los músculos y liberarlos.

Aprieta cada muscule de 3 a 10 segundos, luego déjalo descansar.Siente la tensión abandonando el musculo. También puedes dejar que el rol del cuerpo sea más pesado o más liviano, más caliente o más adormecido para amplificar el efecto.

Cuando estás empezando es útil probar con varios grupos musculares secuencialmente para que aprendas cómo detectar y relajar la tensión. Puedes iniciar desde tus pies y progresar hacia arriba hasta tu cabeza y tú cara, o al revés. Igualmente, puedes seguir esta secuencia: piernas, muslos, estomago, espalda baja, hombros, cuello, pecho, boca y mandíbula, ojos, frente y cuero cabelludo.

Cuando te acostumbras a esta relajación progresiva, puedes acelerar el proceso. Relaja tus brazos, piernas, abdomen, pecho y cara. Podrías también relajar tu cuerpo completo en un solo intento.
Relajación Mental

Relajar a tu cuerpo ayudará a calmar tu mente, y viceversa. Los ejercicios de relajación mental están en el capítulo 3.
Ropa

Podrías usar un atuendo especial si eso te ayuda con la mentalidad meditativa, pero cualquier ropa suelta, ligera y cómoda es suficiente.Asegúrate de que lo que usas no te distraiga durante la sesión.

Objetivo de la Meditación

La actividad principal al meditar es enfocar tu atención en un objetivo o actividad singular. Esto te ayuda a deshacerte de contenido de tu mente para que solo quede conciencia pura. Antes de meditar, dite mental o verbalmente que durante esa meditación nada importa.

Podrías dedicarle tu completa atención a:

Un mantra (un canto)
Una palabra
Un sonido
Un objeto
Una llama de vela
Un mandala (Arte simbólica)
Una imagen
Un punto en la pared
Una idea
Una persona entera
Tu respiración o tus latidos del corazón

Ten en mente que enfocarte y reenfocarte es de lo que se trata la meditación. Si perdiste el ritmo, solamente vuelves. Sin críticas necesarias.

Ahora que sabes lo que necesitas para meditar, estás listo para aprender a hacerlo. El capítulo siguiente te enseñará algunas técnicas de meditación comunes que puedes realizar de inmediato.

Capítulo 3: ¿Cómo Meditar?

"Vacía tu mente, séinforme- como elagua. Ahora tu pones el agua en una taza y se amolda a ella, la pones en una botella y tendrá la forma de la botella, la pones en una tetera y tendrá la forma de la tetera. Ahora el agua puede fluir o puede chocar. Sé agua, amigo mío." - Bruce Lee

Para meditar, relájate a ti mismo, enfócate en una cosa y vuelve a ella cuando te distraigas. Puedes meditar tanto tiempo como quieras – incluso por sólo 3 minutos. Para mejorar tus habilidades del meditar, intenta alargar cada sesión gradualmente.

Puede que mantengas o no un historial del tiempo que duras meditando. Si lo decides, estableceuna alarma a bajo volumen para ello de manera que no seas sacudido por el traqueteocuando salgas del trance. Podrías también parar la sesión cuando sientas que es el momento correcto para terminarla.

Hay técnicas de meditación en las que necesitas estar quieto y hay otras en las que hay movimiento involucrado. Estas son algunas de las técnicas:

CultivandoAtención Plena

La atención plena es ser consciente de lo que está sucediendo en cada momento. Deja que tu consciencia funcione lo mejor posible. Date cuenta de lo que está sucediendo en tu cuerpo, mente y ambiente. Simplemente observa sin cavilar sobre ello. No reflexiones sobre el futuro, el pasado o sobre cualquier cosa en lo absoluto.Cuando un pensamiento aparezca en tu cabeza, silenciosamente di: "Unpensamiento" y continua enfocándote. No entierrestu conciencia bajo una pila de pensamientos.

Esto es aplicable durantey fuera de lameditación. Evita constantemente juzgar a las personas, cosas, ideas ysituaciones. No dejes que tus creencias anteriores y experiencias se atraviesen en tu experiencia presente. Intenta percibirla realidadtal cual como es justo ahora en vez de lo que puedes recordar o lo que esperas que sea.

La percepción tiendea ser confinadapor las creencias. Deja que tus pensamientos descansen por un rato para que tu consciencia pueda vagarlibremente. Hacer esto te da una perspectiva fresca, te permite hacer más cosas y te ayuda a liberartedelos patrones mentales.

Sintiendo un Objetivo

Sentirplenamente un objetivopuede mejorar tu consciencia. Eligeun material que te atraiga – una tela, unas cuentas, una piedra, o un objeto de madera. Explora la textura de este objeto. Haz esto durante unos pocos minutos sin analizar o juzgar la experiencia.

Igualmente, puedes hacer esto con tus otros sentidos, como explorar visualmente los tonos y los matices de una flor o escuchar de cerca los tonos y los ritmos del canto de un pájaro. Explora cómo percibes el mundo. Intenta no ignorar nada solo porque es ordinario. Te darás cuenta de que hay mucho a lo que normalmente no le prestas atención, así que intenta usar completamente tu conciencia cada vez que puedas.

Deteniendo y Sintiendo

Establece una alarma o pídele a un amigo que diga 'para' en momentos aleatorios, especialmente cuando estás en medio de un trabajo rutinario. Detén lo que sea que estás haciendo y presta mucha atención a las sensaciones físicas – presión, sentido de equilibrio, texturas y temperaturas.

MeditaciónCaminando

Cuando vayas a caminar, no te pierdas en tus propios pensamientos, mira a tu alrededor. Date cuenta de cómo tu mente intenta alejarte de la experiencia directa a través de la formación de opiniones acerca de lo que te das cuenta. Resiste a este impulso de tu mente hasta que termines la caminata de meditación.

Camina lentamente y con propósito. Sé consciente del movimiento que tus brazos y tus piernas hacen. Presta detallada atención a lo que sucede alrededor de ti sin pensar en ello. Aleja a tu mente de tus preocupaciones. Atiende a la forma en la que respiras y a todas las sensaciones que puedas percibir mientras caminas.

Auto-Comentar

Realiza un comentario mental de lo que estás haciendo en cada momento. Por ejemplo, "Actualmente estoy leyendo este libro." "Ahora estoy tomando un sorbo de agua." "Estoy planeando en este momento qué comeré luego." "Ya estoy volviendo a leer.". Esto ayudará a que determines firmemente tus experiencias en tu mente para que tu enfoque no se escabulla. Después, podrás recordar fácilmente lo que estabas haciendo.

Repaso diario

Antes de dormir, rememora los eventos que pasaron durante el día. Podrías pensar sobre ellos secuencialmente o en cualquier orden que quieras. ¿Hay algún hueco en los eventos del día? ¿Dónde es posible que tu mente haya estado durante esos huecos? Planea cómo puedes evitar estar distraído en el futuro.

Meditación Respirando

Varias tradiciones enlazan respirar con meditar. Controlar tu respiración te permite controlar lo que sientes. Respirando lento ralentizas los latidos de tu corazón y por consiguiente estás más calmado.

Meditarcon la respiración involucra prestarle atención a tus respiros y/o respirar de una cierta manera.Cuando dejas que tu respiración venga desde tu estómago y no desde tu pecho, o torso superior, estás realizando la respiración diafragmática. Esta última puede proveerlea tu cuerpo diez veces más oxigeno que el que le provee la respiración desde el pecho.

Para saber si estás respirando desde tu diafragma, coloca una mano sobre tu pecho y otra sobre tu estómago. La mano que está sobre tu estómago debería moverse más que la mano sobre tu pecho.

Evita tomar grandes respiros, mantén tu respiración natural. Respira con calma y sencillez. Mientras lo haces, podrías fijar tu atención en el punto bajo tu nariz donde puedas sentir aire entrando y saliendo. Concéntrateen respirar – simplemente siente la sensaciones sin hablar en tu cabeza sobre eso.

El control del respiro consiste en inhalar,aguantar la respiracióny exhalar. Una técnica común de respiración es la respiración dos para uno: esto significa exhalar durante dos veces más tiempo que en el que inhalas.

Toma aire a través de tu nariz lenta y profundamente mientras cuentas 1, 2, 3, 4. Asegúrate de que tu vientre se expande, pero tu pecho no se levanta. Mantén la respiración mientras cuentas en tu cabeza

1, 2, 3, 4. Exhala a través de tu nariz lenta y completamente, y cuenta 1, 2, 3, 4, 5, 6, 7, 8. Aguanta la respiración por otras 4 veces más. Repite esto hasta llegar a 10 veces.

Si sientes que las repeticiones son muchas, puedes reducirlas, pero intenta que, cuando exhales, dures más tiempo que cuando inhales. Cuenta lentamente, pero manténun ritmo que sea cómodo para ti. Continúa con esto por algunos minutos.

Expulsar la respiración lentamente podría reducir la actividad de las células nerviosas de tu cerebro y tranquilizar tu mente.Esto es de utilidad especialmente cuando estás molesto o ansioso. La ansiedad y la rabia implican la respuesta de pelea o escapa; respirar de esta forma revertirá el efecto y te ayudará a ganar de nuevo tu compostura.

Meditación con Latidos del Corazón

Pon tu mano sobre tu corazón o toma tu pulso. Ten conciencia del latido de tu corazón – puedes contar cada uno si deseas. Haz esto durante tres minutos, más o menos.

Usando Objetos

Con una iluminación suave, pero lo suficientemente brillante para que puedas ver, coloca tu objeto o imagen al nivel de tus ojos a una distancia cómoda desde donde estés meditando. Cierra los ojos y entra al estado meditativo. Abre tus ojos y fíjalos sobre tu objeto. Parpadea solo cuando tengas que. Intenta mantener tus ojos tan inmóviles como puedas. Puedes moverlos de una parte de la imagen a otra, o a otras cosas – si lo hacen, vuelve a enfocarlos sobre un punto.

No descifres o evalúes el sujeto – esto solo te despistará. Deja que el objeto sea el enfoquede tu mente. Reconoce que el objeto está tanto en frente de ti como dentro de tu mente. Si estás meditandosobre una imagen significativa, como un mandala, su significado afectará directamente a tu subconsciente. No tienes que reflexionar sobre ello.

Meditación Musical

Puedes meditar con música de fondo, pero esto puede servir como el objeto mismo de la meditación. Si escuchas la música y te rindes ante ella, dejándola llevarte lejos.la clave es aceptar la experiencia en lugar de separarte a ti mismo de ella con una capa de reflexiones profundas.

Resolver Problemas con la Meditación

Puedes trabajar en tu problema durante tu meditación. Nótese que mientras estás en el estado meditativo,tienes más control de tu mente, así que puedes resolver problemas mejor.

Visualizar

La meditación de vez en cuando incluye visualizaciones. Visualizarquiere decir imaginar. Cuando visualizas, enfocas tu mente en crear algo. Puedes visualizartus metas, una imagen significativa, o cualquier cosa en la que consideres valga la pena enfocarte.

Lo que visualizas tendrá un efectoen ti así que escoge tus objetos sabiamente. Por ejemplo, si quieres profundizar tu actividad de relajación mental, puedes crear una escena que te haga sentir sereno, como un atardecer. Si quieres superar algún recuerdo estresante, puedes cambiar cómo participa en tu mente volviéndolo gracioso o aburrido (agrega unabanda sonora, haz que los personajes hagan cosas tontas, velo en blanco y negro).

Las visualizaciones son algunas de las herramientas que puedes utilizar para cambiar tu forma de pensar y de sentir respecto a las cosas. Experimenta con estas y aprenderás cómo puedes cambiar tu mente pensando ciertos pensamientos.
Escribir

Esta actividad puede ser una forma expresiva de meditación. A través de la escritura, puedes soltar tus emociones acumuladas o reprimidas y procesarlas.Puedescomunicarte con quién quieras o con lo que quieras – con una persona querida, con un proyecto, con Dios. Puedes enviarle lo que tengas escrito a un lector, quedártelo para ti mismo, o destruirlo. No necesita ser leído por nadie más para ser efectivo.

Escribe libremente e intenta no editarlo – esto le permitirá a la profundidad de tu mente llegar a la superficie. Usaeste tiempo para dejar ir a lo que te está fastidiando.Cuando hayas terminado, leeyabsorbe lo que escribiste.Reflexiona sobre ello. Poner tus sentimientos en palabras puede ayudarte a ver las cosas desde una nueva perspectiva.

Lidiar con Sentimientos 'Angustiosos'

Puedes meditarpara ayudar a lidiar mejor con los sentimientos. Podrías elegir tus emociones como tu enfoque del cual meditar. Acéptalas como son, no hagas escrutiniosni las cambies. Simplementesentir las emociones sin agregarles energía (a través de la amplificación de las sensaciones ola pelea contra ellas) ayuda a disiparlas.

Mantente calmado y relajado controlando tu respiración.Dite a ti mismo: "Yo me estoy sintiendo (emoción), pero yo no soy mi (emoción).". Mientras más hagas esto con tus emociones indeseadas, menos poder estas tendrán sobre ti.

Ejercicio de Desapego

La meditaciónpuede hacerte más presente (ver Atención Plena) y también puede ayudarte a tener menos apego. El desapegote ayuda a retomar la claridad y el control.

Si estás atascado con un problema, ten la voluntad de desengancharte de él. Toma el punto de vista de alguien externo e imagina a otra persona en tu situación. Esto te ayuda a ponerte en una nueva perspectiva frente a tu problema, y a evaluar más calmada y racionalmente lo que se necesita hacer.

Cierra tusojos. Piensa sobre la situación

que te molesta. Imagina que está proyectada en una pantalla frente a ti. Observa los eventos en la pantalla, pero reproduce solo lo que realmente sucedió, en vez de lo que tienes miedo de que pueda suceder. Reemplázate a ti mismo por alguien más. Siendo alguien externo, ¿Qué consejos le darías a la persona en la pantalla? Recuérdalo y actúa según tu propio consejo.

Puedes hacerte menos apegado de cualquier cosa cambiando como lo representas en tu mente. Observando el asunto desde el punto de vista de alguien externo, te permites a ti mismo responder diferente.

También puedes trabajar en el problema desde lo más profundo de tu mente. Déjalo ir y enfócate en otra cosa. La resolución podría llegar la próxima vez que medites, cuando tu mente es receptiva.

Motivando el Éxito

Las cosas en las que te enfocas tienen un

efecto en tus acciones, así que concéntrate en algo positivo. Si tienes un problema, imagina viajar hacia adelante en el tiempo al momento en el que ya se resolvió. Experimenta con todos tus sentidos cómo se siente haberlo resuelto. Aférrate a sentimientos positivos y tráelos de vuelta contigo al tiempo presente.

No te quedes atrapado intentando imaginarte como sucederán, solo ten tu propósito en mente. Enfocarte en un resultado positivote hace pensar más claramente y te permite tomar mejores decisiones, las cuales, eventualmente, te llevarán a tu resultado deseado. Puedes enfocarte en diferentes resultados deseados cada día si así lo quieres, lo que importa es que crees una mentalidad que te permita progresar.

Enfocarte en una Idea

Meditar sobre una idea te permite absorberla mejor. Cierra los ojos. Escoge una palabra que represente un estado deseado: claridad, armonía, felicidad, competencia, paz, orelajación. Igualmente puedes crear imágenes mentales para ilustrarlo. Imagina lo que se siente si experimentaras el estado. Cuando lo hagas, mantenlo tanto tiempo como puedas. Abre tus ojos. Cuando necesites entrar a ese estado otra vez, invoca lo que experimentaste durante tu meditación.

Relajación mental

Tu mente puede relajarse si quieres soltar lo que sea que te trae problemas y enfocarte en tu objeto elegido. Aparte de eso, puedes visualizar cosas que te lleven a un trance más profundo.

Como se mencionó en el ejercicioprevio, puedes meditar sobre tu concepto de relajación. También puedes imaginar realizar una acción que simbolice la profundidad de tu nivel de conciencia.

¿Qué movimiento te lleva a un estado mental tranquilo?¿Es este descendiente o ascendiente? ¿Movimientos repetitivos? ¿Flotando? Aquí está un ejercicio que puedes usar o modificar para relajarte más a fondo.

Cierra los ojos. Cuentaen reversa de 100 a 1. Cuando llegues a 1, imaginaque hay una escalera en frente de ti. Ve la escalera a partir de tus propios ojos, y no con los ojos de alguien más. Camínala y dite a ti mismo que estás llegando más y más profundo dentro de tu propia mente a medida que llegas más abajo.

Sino, también puedes entrar en un ascensor. Date cuenta de lo calmado que estás a medida que desciende el número que indica el piso.Cuando llegues a 0, entraa una habitación o a un lugar en el que te sientas absolutamente bien estando.Pasa un rato allí.Cuando estés completamente relajado, puedes enfocarte en tu objeto de meditación elegido o simplemente disfrutardel estado meditativo.

Meditación en Movimiento

Puedes meditar mientras te mueves. Una

de las técnicas es la de coordinar tu respiración con tus movimientos. Inclusive puedes bailar o moverte aleatoriamente con música. Hecho esto, mantente quieto y sé consciente de tu respiración. Este tipo de meditación te libera cada vez que te sientas atascado. También crea una armonía entre tu cuerpo y tu mente.

Puedes meditar mientras construyes, diseñas o decoras algo.Puedes dibujar, pintar, escribir o trabajar con diferentes tipos de materiales. Solo asegúrate de concentrarte por completo en lo que sea que decidas hacer.

Ejercicio de Ver Pensamientos

Deja ir a todas las distracciones externas. Cierra tus ojos y préstale atención a tu mundo interno. Tan objetivamente como puedas, observa los pensamientos que pasan por tu conciencia. No los juzgues, aférratea los agradables, o bloquea los desagradables.

Date cuenta de cómo un pensamiento

lleva a otro. Observa lo que tu mente hace para que esta pueda distraerte. También, date cuenta de cómo tu conciencia se pierde en tus pensamientos. Cuando esto pase,tráela de vuelta.

Ejercicio Conociendo al Conocedor

Haz que tu mente se mantenga quieta. Mira los pensamientos que pasan a través de tu conciencia sin interactuar con ellos. Pregúntate: "¿Quién soy yo?" "¿Quién está meditando?" "¿Quién está observandoestos pensamientos?".

No esperes unarespuesta. Aclaracionespodrían venir a ti, pero no pidas que estas lleguen. La meta no es encontrar una respuesta. El mismo cuestionamiento es el punto del ejercicio.

Si te encuentras a ti mismo respondiendo tus preguntas, cuestionatus respuestas. Si te respondiste con "El que está meditando soy yo, quien está en este cuerpo," puedes continuar con una pregunta como "¿Cómo sabes que eres tu quien está en tu cuerpo?" y responderle a esa también. Sigue haciendo esto hasta que llegues a una respuesta que ya no puedas refutar más.

Trabajandocon Zen Koans

Un Koan es una pregunta paradójica que no se resuelve a través de la lógica, sino viendo cosas desde una perspectiva diferente. Esto te hace usar tu mente de maneras en las que antes no la habías usado. Hay koans comunes circulando como "¿Qué es el sonido de una mano aplaudiendo?", pero un profesor de meditaciónpuede darte un koan único en el cual trabajar.

Esta es una de las técnicas más difíciles de meditación que hay, pero es buena para la mente. Comprométete con tu koan. No lo cambies porque estés teniendo momentos difíciles con él. Estar frustrado es parte de laexperiencia.

Aceptar elkoanhará más fácil sobrellevarlo, como aceptar emociones problemáticas les hará perder su poder sobre ti. No te preocupes por no poder resolverlo lo suficientemente rápido. Aún si no has llegado a la respuesta, el koan te afectará positivamente si se lo concedes.

Reflexiona enel koan no sólo durante la meditación, sino tan frecuentemente como puedas. Cuando estés listo, discute sobre tu resolución con tu profesor. Si no tienes uno, puedes meditar sobre tu resolución por ti mismo. Aplica lo que hayas aprendido de la paradoja en tu vida cotidiana.

Como puedes ver, hay muchas formas de meditar, y tú puedes crear tu propia rutina. El capítulo final se trata de cómo superar problemas comunes durante la meditación y de cómo sacarle máximo provecho a cada sesión.

Capítulo 4: Solucionar Problemas de Meditación

"La meditación no esuna manera de calmar tu mente. Es una manera de entraren la calmaque ya está allí – enterrada debajo de los 50,000 pensamientosque una persona promedio piensa cada día." – Deepak Chopra

Meditarpuede ser un desafío a veces. Estecapítulote enseñará qué hacer cuando encuentres problemas para que puedas mantener tu rutina.

Encontrar Tiempo para Meditar

Meditar significa invertir tu tiempo. Escoge un método de meditaciónque sea atractivo para ti y aférrate a él. Puedes empezar a meditar de 3 a 5 minutos diarios. Lo importantees que lo hagas con regularidad para que puedas entrenar a tu mente en funcionar bien. Meditar una o dos veces al día la mayoría de los días de la semana es un programa razonable.

Encuentra el tiempo del día que te sea mejor para meditar, más particularmente, un tiempo en el que puedasdedicarle tu atención. Aquí es donde no estás muy ocupado, cansado, o distraído. Meditartan rápido como cuando te despiertas puede ser una buena práctica porque tu mente todavía está relativamentedespejada. Podrías ir primero al baño o tomar un sorbo de agua, pero intenta no comer todavía el desayuno. Unestómago full puede prevenir que meditesbienporque tu energía se dirigirá a la digestión. Sin embargo, no esperes mucho tiempo luego de haberte despertado para que tu cerebro no reciba señales de hambre de tu estómago.

Meditar en lastardespuedereponer tu energía agotaday ponerte más alerta durantela noche. Podrías meditar también en las noches antes de irte a dormir, pero procura hacerlo sentado. Quedarte dormido no cuenta comomeditación.

También puedes meditar

durantemomentos en los que no tengas nada que hacer. Meditar durante el trayecto– esto es mejor quereflexionar sobre nociones inútiles o jugar juegos en tu teléfono. Medita mientras estés de pie esperando a alguien o tomando un descanso. Haz que los periodos de inactividad u ocio sean productivos.

Cuando te estés sintiendo emocional o alborotado, medita. Esto te ayudará a tener una mejor mentalidad. Si no puedes encontrar tiempo para meditar, pregúntate qué tienes que dejar de hacer. Repasa tus actividades diarias – podrías encontrar algunas actividades no productivas. Meditaen vez de hacerlas.

Actitudes útiles para la Meditación

La meditación es mayormente subjetiva, así que a tu mente le importa bastante cómo esta resulta para ti. Desarrollarlas siguientes actitudes reducirá los problemas que se te presentan mientras meditas.
Pasividad

Debes tener la voluntad de rendirte tú mismo ante el procesodemeditación. Si estás al borde, te pondrás tenso y pensarás más de la cuenta. La relajaciónmás profunda ocurrecuando hay pocos, casi ningún pensamiento.

No te fuerces. Solo deja que las cosas pasen como sean y enfócate desde adentro.Hacerlo ralentizará tus pensamientos y tus sensaciones para que ellos no te arrastren más. Te hará contactar a tus pensamientos y sentimientos más profundos, los cuales te llevarán a la iluminación.
No tengas expectativas

Medita por el propósito de la meditacióny no por alguna meta o beneficio.El mero pensamiento de una recompensa puede emocionarte o presionarte, aparte de alejar tu enfoque. No esperar nada de la meditación prevendrá que te decepciones cuando las cosas no salgan como querías. También hace que disfrutes más el proceso entero cuando lo consideras como el fin mismo y no como un significado para un fin.

Perseverancia

La meditación tiene sus retos y, a veces,esto puede hacer que te cuestiones si vale la pena. De cualquier manera, los mejores resultados podrían llegar solo si meditas constantemente. Decide volver a meditar tan pronto como puedas después de desviarte de la actividad, sin importar lo que sientas.Entrenarte a ti mismo para hacer esto ayudará, no solo con la meditación, sino también con el desarrollo tu fuerza de voluntad general y tu resiliencia.

Positividad

Sentimientos positivos ayudarán a que los retos de lameditaciónsean llevaderos. Intenta no ser muy crítico o demandante contigo mismo. Cada sesión de meditaciónestá bien mientras que estés meditando de verdad.Cada sesióncontribuirá con tu crecimiento general, independientemente de lo que suceda.

Manejar Distracciones

Meditar requiere que le dediquestu conciencia a tu objetivo de meditación. Evita distraerte aunque la distracción sea agradable o desagradable. Por esta razón deberías reservar tiempo y un lugar donde no te molesten para meditar.Decirles a las demás personas que eviten molestarte durante la sesión también puede ayudar. Sin embargo, lo más importante es que estés comprometido a enfocarte sin importar nada.

Cuando meditas, las distracciones podrían sacarte de tu punto de enfoque. No intentes discutirlas ni removerlas de tu mente. Tampoco intentes recibirlas ni apoyarlas. En lugar de ello, déjalas aparecer y pasar por tu mente. Puedes imaginar que son nubes que viajan a lo largodel cielo – no tienes que hacer nada respecto a ellas. Solo persiste en el meditar. Si persistes, notarás que se irán ellas mismas.

Alternativamente, tú puedes usar una distracción para apoyarte en la meditación. Dite a ti mismo: "Con cada (distracción), seré más y más (tu estado deseado)." Esto podría frustrarte al principio, pero si te aferras a ello, la próxima distracción será menos fastidiosa. Inclusive podrías no notarlo más conscientemente, pero tu subconsciente permanecerá atento de ello para que puedas trabajar en lo que quieras que suceda.

En la meditacióny con todo lo demás, tu enfoque afectaqué tan biente desenvuelves. Cuando te concentras con todo el corazón en tu objetivo deseado, las distracciones pararán de interferir con tu progreso. El único momento en el que estas interrupciones importarán es cuando tú le permitas a tu atención entretenerlas.

No piensesen un error o en algo fastidioso.En vez, concéntrate en recuperarte del error o de la frustracióny seguir adelante. Maneja a las distracciones manejando a tu enfoque.

Ejercicio para Eliminar la Incomodidad y las Distracciones

Durante lameditación, podrías tener conciencia de sensaciones y de pensamientos incómodos. Presta atención a lo activa que es tu mente y a como obliga a tu cuerpoa moverse y a sentirse de una cierta manera. Si experimentas pensamientos o visiones que te distraigan, no te apegues a ellos– pronto se desvanecerán. Si persisten, obsérvalos objetivamente y con desapego. También puedes preguntarte: "¿Quién está experimentando estas cosas en este instante?"

No sigas pensando en un evento estresante. Mientras más lo hagas, más habrás trabajado y más fuerte será su influencia. Retoma el enfoque en lo que necesitas estar enfocado, y su influencia disminuirá.

Si tienes preocupaciones, puedes

escribirlas y lidiar con ellas luego. También puedes decirte: "Yo lidiaré con las cosas cuando sucedan.".Si esperas demasiado viniendo de la meditación, di repetidamente: "Yo no tengo expectativas.".Estas oraciones pueden liberar a tu mente considerablemente.

También puedes imaginar que tus pensamientos, tus recuerdos, tus sentimientos y tus sensaciones que te distraen son hierbajoun jardín. Cuando algo te llame la atención, nómbralo (por ejemplo: recuerdo frustrante, nueva idea, fantasía) y arráncalo de raíz. Haz un compromiso para cuidar el jardín de tu mente identificando a las distracciones y descartándolas.

Nombrar

Una forma de tener conciencia de las cosas sin ser afectado por ellas es nombrarlas. Esto no solo significa nombrarlas como buenas, malas, agradables o desagradables, sino nombrarlas sin juzgar. Una vez que les hayas atribuido un valor, tus emociones participan y distorsionan tu percepción.

Cuando algo te moleste, ponle un nombre. También puedes transformar tus creencias al respecto y crearás los efectos que desees al respecto. Di algo como: "Esto es mi (menciona el problemaaquí). Se irá por su cuenta como usualmente lo hace, yo solo tengo que seguir adelante.". Hablarte a ti mismo de esta manera aumentará tu control sobre tus pensamientos.

Conclusión – Después de Meditar

Aquí hay algunos consejospara sacarle el máximo provecho a lameditación:

No juzgues lameditacióncomo buena o mala, lo que importa es que te involucres en el proceso. No te preocupes demasiado por no estar haciéndolo apropiadamente en tu primera vez. Naturalmente serás mejor mientras más lo hagas.

Aprecia a tus experiencias positivas y acepta a las desagradables. Esto te ayudará a perseverar.Intenta no presumir de tus éxitos porque hacerlo alimentará a tu ego, que es una fuente de apego y de desilusiones. No pares de meditar cuando estés decepcionado o frustrado. Tu mente se acostumbrará a meditar luego de un tiempo, solo continua haciéndolo.

Recuerda lo que fue la experiencia durante la meditación. Intenta recrearla aun cuando no estés meditando. Comienza con mantener la tranquilidad mientras estás involucrado en actividades normales. Cuando estés listo, haz esto en situaciones que te pongan tenso. Eso hará que descubras cómo entrenar a tu mente te beneficia no solo durante la meditación, sino también fuera de ella.

Parte 2

Introducción

Parece que estos días todos lidian con demasiada información, a pesar de los avances de las tecnologías (o tal vez por culpa de ella) estamos más estresados que nunca. Es difícil no sentirse preocupado, ya no somos capaces de apagarnos, con la introducción de los teléfonos inteligentes y las intrusas redes sociales, ya no hay razones para que alguien este incomunicado o que esté genuinamente solo, eso es algo del pasado.

Noto cada vez más a las personas buscando formas de crear calma en el caos y recuperar cierto control sobre como gastan su tiempo.

La meditación es una técnica que puede ser usada efectivamente para ayudar a calmar la mente y lidiar con el estrés. Según los resultados de la encuesta del gobierno de los Estados Unidos, actualmente más del 10% de los estadounidenses meditan, y eso es por sí mismo una indicación de lo efectiva que puede ser.

La meditación puede ser una simple forma de enfocarse en su respiración o ir a través de una exploración de sus pensamientos y sentimientos; es, y debería ser, una experiencia personal a la medida de sus propias necesidades. En eso encontramos la belleza de la meditación, aún si solo tienes 5 minutos disponibles, puede ser muy efectivo.

Personalmente solía ser el típico ejecutivo "Tipo A" con una personalidad un poco acida, me avergüenza admitir que no tenía ninguna paciencia y probablemente no era una persona muy agradable con la cual pasar el tiempo, incluso para aquellos que más me importaban.

Entonces tuve un ataque cardiaco.

No uno muy serio, pero lo suficiente para darle a mí y a mi familia un gran susto. Llegue al punto de darme cuenta que había más en la vida que estar constantemente ansioso y estresado, y decidí que era tiempo de dar un paso atrás y rehacer mis prioridades.

No quería depender de medicaciones para manejar mis presiones diarias de por vida, así que seguí la recomendación de mi doctor y me apunté en un curso de meditación. Eso fue hace una década y ahora puedo decir honestamente que mi vida es mucho mejor.

Las personas que me conocían antes de la meditación realmente no podían creer el cambio en mí, ahora soy más paciente, mucho más calmado y tengo una felicidad genuina que solo puede provenir de un estado de consciencia plena. Honestamente creo que la meditación ha salvado mi vida, el hombre de negocios de temperamento corto y malhumorado ha desaparecido y ha sido reemplazado con alguien que es mucho más relajado y confiado; soy más enfocado, más agradable (como lo admite mi esposa) y más capaz de hacer mi trabajo.

En este libro lo llevaré a través de las técnicas que he aprendido y cómo aplicarlas en su vida diaria; sé lo difícil que puede ser dar el primer paso en el campo de la auto meditación, así que escribí este libro para proveer una guía práctica de paso a paso para las personas que no tienen tiempo para cursos de meditación y clases de yoga por la mañana.

Espero que su viaje sea tan beneficioso y satisfactorio como ha sido el mío.

CAPÍTULO 1

¿POR QUÉ MEDITAR?

Sabiduría antigua para mantenerte sano

Así que, ¿por qué meditar? Después de todo ¿qué posibles beneficios puede traer sentarse y aclarar su mente a diario? La respuesta es que hay numerosos beneficios, físicos, mentales y espirituales, de meditar regularmente; aún sí solo puede apartar de 5 a 10 minutos al día, también puede experimentar los siguientes beneficios.

Los beneficios físicos

La meditación tiene un profundo efecto en todo el cuerpo, te ayuda a inducirte en un estado de profunda relajación y como resultado encontrarás que:

Ha bajado tu presión sanguínea.

Los niveles de la hormona del estrés en el torrente sanguíneo se reducen, ayudando a disminuir la inflamación y por lo tanto haciéndote más saludable.

Te conviertes en alguien más calmado y

menos ansioso en tu día a día.

Se reducen síntomas físicos relacionados con la tensión como el insomnio, dolores de cabeza, dolores musculares, ulceras y problemas con la movilidad de las articulaciones.

La meditación causa un incremento en la producción de la serotonina y esta, en retorno, te ayuda a sentirte mejor y más capaz.

Refuerza la acción del sistema inmune.

Te ayuda a canalizar mejor tu energía interna y te hace sentir más vital.

Beneficios mentales

La meditación te ayuda a desacelerar la mente y ponerla en un estado de Alfa curación. Los neurocientíficos han aprendido que la mente comienza a modificarse físicamente después de sesiones regulares y esto puede tener efectos más duraderos en tu salud y bienestar.

Disminuyen en general tus niveles de estrés.

Tus estados de ánimo se vuelven más

uniformes.

Te vuelves más creativo.

Te sientes más feliz y más en paz.

Te vuelves más intuitivo.

Mejora la habilidad de tu cerebro para enfocarse y eres más capaz de ver las cosas con claridad.

Los problemas que enfrentas en general se vuelven menos abrumadores.

Nuestros cerebros nunca dejan de pensar, aún si es sobre algo que nos está molestando o nada en particular, tu cerebro esta usualmente buscando por la próxima distracción; esto es un constante caos de pensamientos que pueden impactar negativamente en tu habilidad de enfocarte en lo que es importante.

Cualquier forma de meditación que trates, encontrarás que tendrás un mejor control sobre tu mente y se te hará más fácil enfocarte en lo que realmente te importa; este nuevo enfoque te permitirá ser más productivo y te dejará cambiar pensamientos y preocupaciones innecesarias a un segundo plano.

En cuanto seas más adepto a la

meditación, podrás más fácilmente parar tu mente de distracciones en otras ocasiones.

Beneficios espirituales

Eres más capaz de conectarte con lo divino.

Te encontrarás transformado a nivel personal.

La meditación del sonido –cantando un sonido específico- puede ser muy efectivo para aclarar bloqueos y chacras, los centros de energía del cuerpo. El sonido resuena y eso ayuda a restaurar el balance en el sistema del cuerpo (Veremos la actual meditación del chacra en posteriores capítulos).

La práctica regular de la meditación te permite aclararte de pensamientos y sentimientos innecesarios, te deja enfocar tu mente de forma que está más calmada y menos agitada. En cuanto comiences a aprender a concentrarte y cortar las numerosas distracciones, comienza a trabajar en todas las experiencias de tu vida que te han causado estrés.

Serás capaz de ahondar analíticamente en esas experiencias e identificar patrones en tu comportamiento que te hayan guiado a esos momentos, así al permitirte identificar esos patrones y, donde sea necesario, reducir el estrés asociado con ellos en general.

Espiritualmente, en cuanto comiences a ahondar más profundamente en tus lecciones de meditación, encontrarás que problemas que te han estado plagando por años se tratan apropiadamente y como resultado puedes ver las cosas en general con una nueva luz. La ventaja de trabajar a través de estas experiencias, sin importar cuán dolorosas sean, es que te convierten en alguien más calmado y centrado, también comenzarás a disfrutar otras emociones tales como el amor y felicidad.

La llave para ver estos beneficios es de ser consistente en tus esfuerzos por meditar. Trata de apartar tiempo cada día o días de por medio, en cuanto pase el tiempo, empezarás a descubrir que de hecho comienzas a esperar por tus sesiones de meditación y activamente buscas por oportunidades para meditar.

Sí aún no estas convencido de qué tan importante es meditar, prueba este ejercicio:

Siéntate en una posición cómoda y respira profundamente y despacio por unos minutos. Una vez que estés más relajado, deja de pensar, solo siéntate y mira a un punto en la parte o trata de "zumbar" un tono, lo que sea necesario para tener tu mente en calma. Mantén tu mente así por 5 minutos.

Después, piensa por unos minutos ¿qué tan bien funcionó para ti? ¿Qué habría pasado si hubiera sido por un periodo más largo de tiempo? ¿Cómo reaccionó tu cerebro cuando le dijiste que dejará de pensar? Naturalmente el cerebro es rebelde, estoy dispuesto a apostar que solo decirle que dejará de pensar no fue suficiente y quizás provocó que pensará aún más.

La buena noticia es que con práctica puedes entrenar a tu cerebro a ser más un jugador de equipo.

Capítulo 2:

¿Dónde comenzar?

Listo, preparado, espera

La meditación ha sido una práctica en diferentes culturas por siglos y ha sido practicada por millones de personas, como resultado, no debería sorprendernos que existan diferentes tipos de meditaciones y de formas de alcanzar el estado de meditación.

Mientras que esto puede ayudar a personalizar la meditación que mejor te sirva, también puede ser extremadamente confuso cuando estas comenzando.

Realmente todas las meditaciones son un profundo estado de concentración. Te concentras en un objeto, una palabra o incluso en tu respiración y excluyes todos los otros pensamientos. Es mejor empezar por concentrarse en algo, pues hace más fácil calmar la mente en general. Empieza por concentrarte en algo y en cuanto te vuelvas más experto puedes cambiar a meditar en algo más intangible, así como una imagen en el ojo de tu mente en vez de una cosa física o palabra.

Cuando comencé a meditar fue difícil para mí controlar mis pensamientos, traté de mantener mi mente despejada, pero, honestamente, eso estaba más allá de mí en esa etapa. En este capítulo primero te enseñaré cómo prepararte para tus primeras pocas meditaciones.

En tus primeras pocas meditaciones solo quiero que te concentres en tu respiración y no te preocupes mucho por el cantado u otra cosa.

Tu primer ejercicio de meditación

Siéntate cómodamente en un lugar donde no seas molestado, un lugar pacífico y tranquilo; apaga por completo tu celular; asegúrate de estar usando ropa que no te restrinja, que estés sentado confortablemente en cualquier posición que encuentres cómodo.

Si te preocupa que puedas estar meditando demasiado, pon un temporizador para unos 15 minutos aproximadamente, solo asegúrate de que no sea un temporizador de tic tac pues pueden terminar distrayéndote.

Cierra tus ojos y respira despacio a la cuenta de cuatro. Mantén la respiración por la cuenta de cuatro y libérelo despacio a la cuenta de cuatro; mientras haces esto, concéntrate solo en tu respiración, si tu mente se distrae, gentilmente regresa tu atención a tu respiración y concéntrate en el conteo.

Empieza ahora

Ahora que tienes una meditación básica para seguir, puedes empezar. No te dejes atrapar tanto por la preparación y sacrifiques tiempo que puedes mejor usar en meditar.

Chequea tu horario y tu casa, escoge una hora y lugar para tu meditación. Hazlo ahora si necesitas ajustar tu horario un poco o si necesitas hacer un espacio mejor para la meditación, poniendo un temporizador o acomodando cojines confortables.

Ahora que tu espacio está listo y que haz

planeado tu horario, estás listo para empezar este viaje. Siéntate y empieza, despeja tu mente de toda expectativa, mira la meditación más como una parte esencial de la vida, algo que necesita hacerse diariamente y algo que no te pone presión adicional para que funcione.

Muchas personas esperan salir de su primera meditación completamente relajado e iluminado, sin darse cuenta que la meditación es una solución a largo plazo, no es una solución de parada rápida. Empezarás a sentirte más relajado a partir de las primeras meditaciones, pero no trates de forzar el proceso demasiado o tendrás problemas.

Destapando las profundidades de tu alma

Justo ahora, como principiante, no hay necesidad de preocuparte por buscar en tu alma o excavar profundamente en ella con la meditación.

Eso vendrá eventualmente, cuando hayas practicado más el arte de la meditación y no hay necesidad de apresurarte a ese punto antes de que estés listo. No necesitas meditar sobre temas "profundos" como el significado de la vida. Si quieres puedes meditar sobre por qué la gallina cruzó la calle.

Capítulo 3:

Preguntas frecuentes

La meditación en un vistazo

La mayoría de las personas quieren saber un poco más sobre la meditación, por lo que este capítulo ha sido agregado para responder las preguntas que más comúnmente se hacen las personas. Si tu pregunta no es resuelta aquí, da un vistazo en los capítulos faltantes; este capítulo pretende ser una descripción rápida de las preguntas más frecuentes.

¿Me volveré demasiado relajado?

Mientras que demasiado estrés es peligroso, la falta de todo estrés puede ser igual de malo. Algunas personas se preocupan de que la meditación reduzca su impulso por triunfar, no hay razones para preocuparse por eso.

El hecho es que lo que te impulsaba antes de empezar la meditación aún estará ahí luego de que lleves tiempo meditando. La meditación no necesariamente impacta en tus impulsos que te llevan al triunfo, de hecho pueden ayudarte a ser más productivo.

La meditación simplemente hace más fácil enfocarse y lidiar con el estrés. Te darás cuenta que te vuelves alguien menos ansioso y tenso, algo muy bueno si quieres ser productivo.

De hecho, la meditación puede ayudarte a mejorar tu impulso al triunfo y a enfocarte en qué es importante. Eventualmente podrás enfocar tu mente en lo que tú quieras.

No tengo tiempo para meditar

En la sociedad en que vivimos definitivamente estamos pobres de tiempo, ya sea en el trabajo o en casa, siempre encontrarás algo que deberías estar haciendo.

Decir que no tienes tiempo para meditar, sin dunda es una exageración, tu puedes apartar al menos 5 minutos del día e igualmente ser exitoso; de ser necesario siempre puedes levantarte 15 minutos antes en la mañana o irte a dormir 15 minutos tarde.

Estoy seguro de que sí de verdad lo buscas encontrarás el tiempo para meditar todos los días. Los beneficios de meditar superan grandemente cualquier restricción de tiempo que hayas podido imponer; con un mejor enfoque y concentración, mejoras el humor y la creatividad, te darás cuenta que empezarás a hacer otras cosas en tu vida de mejor forma y más rápidas en general, y de hecho, la meditación puede ayudarte a ahorrar tiempo durante el día.

De hecho, en la medida que comiences a ver y balancearte en los beneficios en tu ida, tu podrás empezar a buscar tiempo extra durante el día para practicar tus nuevas habilidades; idealmente, debes tratar de trabajarlo por 20 minutos al día, en la mayoría de los días.

¿Cómo me siente realmente hará la diferencia?

Realmente no hace mucha diferencia, mientras estés cómodo. Hay muchas posturas que puedes adoptar en la meditación, incluso hay meditaciones caminando.

Personalmente, encuentro que acostarse puede ser problemático pues puedes terminar por quedarte dormido; sin embargo, tú puedes experimentar diferentes posiciones hasta que encuentres la que mejor te quede.

¿Qué sucede si no puedo mantenerme despierto mientras medito?

Siempre existe la posibilidad de que te quedes dormido si estás muy relajado. Es un problema que hasta los meditadores más expertos han experimentado. En el pasado, algunos han evitado ese problema al meditar al borde de un acantilado o al armar formas elaboradas para atar su cabello al techo de la habitación, de modo que el cabello los jale si se quedan dormidos.

Personalmente, creo que si te quedas dormido mientras meditas es porque tu cuerpo necesita descansar. He encontrado que este problema eventualmente se corrige, si es un problema persistente, cambia la posición en que meditas para tratar de darle solución.

Alternamente cambia los tiempos del día en que meditas para que te ayude, después de todo, estas más propenso a quedarte dormido después de un largo día de trabajo que a primera hora por la mañana.

¿Estoy meditando bien?

Esta es una de las preguntas que me hice a mí mismo cuando empecé a meditar y creo que es común para todas las personas, no solo en aquellos con tendencia a ser perfeccionistas; después de todo, vivimos en una sociedad de metas, por lo que es perfectamente natural que queramos hacer todo exactamente bien.

La verdad es que no hay realmente una manera correcta o incorrecta de meditar, mientras que la meditación funcione para ti, eso es lo que realmente importa. Esto no es una competición, nadie es capaz de decirte que no estás haciendo las cosas correctamente.

Donde podrías confundirte, como

principiante, es la lucha contra los pensamientos problemáticos, sentirte soñoliento o inquieto. Emociones de las que no eres conscientes pueden comenzar a burbujear en la superficie y esto puede ser una indicación para ti de que estás haciendo algo mal.

Sin embargo, nunca debe tomarse de esa manera; la meditación es un proceso, un viaje más que un destino y, como resultado, toda experiencia de meditación puede ser diferente. Tu subconsciente podría usar esta oportunidad para dirigir tu atención a cosas que tu consciente ha elegido ignorar.

Aquí no hay estrella de oro que te diga que la meditación ha ido bien. Me di cuenta que cuando llevaba meditando por un mes, empecé a experimentar algunas emociones profundas relacionadas con traumas de mi infancia, emociones que pensé estaban muy por detrás de mí. Descubrí que las sesiones de meditación donde esto emergía eran muy agotadoras y me vi tentado en dejarlas por completo. Seguí adelante y eventualmente trabajé todas esas emociones y ahora puedo decir verdaderamente que he superado ese trauma, en vez de simplemente enterrarlo en lo profundo del subconsciente de mi mente para lidiar con ello después.

La experiencia puede ser completamente diferente para ti y, por eso mismo, me es imposible decirte que cuando experimentes eso o aquello, sabrás que has tenido éxito al meditar.

Lo que cuenta es lo que obtienes como un todo ¿Te sientes más calmado y menos estresado? Quizás los demás han notado un cambio en ti, esto es un gran indicador de que el proceso ha sido exitoso.

¿Puedo meditar mientras me muevo o en mi escritorio?

Subirte a tu carro y pretender meditar de manera tradicional mientras manejas obviamente no va a funcionar. De la misma manera, tratar de meditar en tu escritorio en el trabajo no es la mejor idea.

Como se ha dicho, hay más de una manera de meditar, en lugar de las rutas más tradicionales para meditar, puedes elegir practicar meditaciones de atención plena cuando estés fuera de tu ambiente normal.

Las meditaciones de consciencia plena son tratadas completamente en posteriores capítulos, pero, en esencia son las que se concentran lo más posible en la tarea en cuestión. Digamos por ejemplo que se desconcentra cuando conduce, con la meditación a consciencia plena, podrá cortar todos esos pensamientos que no se relacionan con manejar y la presencia en ese momento. En vez de preocuparse por llegar a tiempo al trabajo, se concentrará en las acciones que hace mientras conduce, en frenar, cambiar de carril, etc.

¿Esto es algo religioso?

Erróneamente se cree que la meditación está más relacionada con filosofías orientales que con tradiciones occidentales, y que si quieres meditar debes dejar de lado tus creencias religiosas.

La meditación, sin embargo, ha sido una tradición en muchas culturas a través de los siglos, desde el hinduismo hasta el cristianismo. No es una disciplina basada en la religión, sino más bien es una introspección interna, aún si eliges una tradición que tiene sus raíces en una cultura totalmente diferente, tu meditación sigue siendo personal para ti y tu puedes elegir explorar los elementos que quieras, la religión no tiene que aparecer para nada si tú no quieres.

¿Qué pasa si mi familia no lo entiende?

Hace décadas en el mundo occidental, la meditación, especialmente la que seguía la tradición oriental, pudo haber sido vista con cierta desconfianza y malentendido. Ahora, más personas entienden que la meditación no es tanto una disciplina religiosa sino una mental y se ha convertido en una práctica mucho más aceptable socialmente.

Aun así hay muchas personas que todavía malentienden de qué se trata y, si tu familia cae en este grupo, podrías necesitar ser un poco más cuidadoso de cuándo y cuando no meditar.

La mayoría de las veces, las razones detrás del antagonismo son simplemente por no entender sobre el proceso y tu podrías afrontar a tu familia sencillamente explicándoles de qué trata realmente la meditación y qué esperas lograr al practicarla.

Si ellos aun así no apoyan tus esfuerzos o si constantemente interrumpen tus sesiones de meditación, será más sabio que busques un tiempo y espacio donde no puedas ser interrumpido.

¿Realmente mejorará mi salud?

Por décadas los científicos han estado investigando los beneficios de la meditación y los resultados son abrumadoramente positivos. Aquellos que meditan son más saludables que quienes no.

Es una ecuación simple: la meditación reduce el estrés y esto se traslada a una mente y cuerpo más sano.

Ser capaz de lograr un estado de ánimo tranquilo a voluntad, lo que serás capaz de hacer una vez que hayas practicado la meditación por un tiempo, hace más fácil lidiar con situaciones estresantes a medida que ocurren.

También puedes meditar sobre la energía curativa de tu propio cuerpo y esto igualmente hará la diferencia en tu cuerpo. La mente es uno de los curadores más poderosos en el planeta y la meditación hace más fácil aprovechar este poder curativo.

¿Pueden los sonidos mejorar mi meditación?

Las vibraciones provenientes de sonidos rítmicos tienen un efecto profundo en las actividades de nuestro cerebro. En tradiciones chamánicas, los tambores han sido usados por mucho tiempo para transportar al chaman fuera de su cuerpo hacia otros reinos de la realidad a través del uso constante de las vibraciones rítmicas. La investigadora, Melinda Maxfield, al estudiar los estados chamánicos de la conciencia, encontró que el ritmo constante del golpe de un tambor hecho cuatro veces y media por segundo fue la llave para transportar al chaman a estados más profundos de su consciente chamánico.

No es coincidencia que 4.5 latidos o ciclos por segundo correspondan al estado similar de trance de la actividad de la onda cerebral theta. En relación directa, vemos un efecto similar que proviene del constante y rítmico zumbido de los cantos de un Budista Tibetano, que transportan a los monjes e incluso a otros oyentes a reinos de meditación dichosa.

Tú tienes tu propia firma de onda de actividad cerebral, única para ti. Tiene un ritmo y un patrón, e incorpora las frecuencias Beta, Alfa, Theta y Delta en variados niveles a lo largo del día mientras tu cerebro las modula para que encajen con tus actividades. Al escoger tu música correcta puedes preparar mejor tu cerebro para propósitos de meditación.

Los diferentes estados de onda cerebral

Beta – responsable de la cognición, atención y concentración. En este estado tu mente esta aguda, enfocada, hace conexión rápida y fácilmente, estás preparado para trabajar en algo que requiera tu total atención. En el estado Beta, las neuronas se disparan abundantemente, en rápida sucesión, lo que ayuda a alcanzar el máximo rendimiento. Las nuevas ideas y soluciones a problemas aparecen como relámpagos en tu menta. El entrenamiento de Beta es una de las frecuencias que los terapeutas de bio-retroalimentación usan para tratar el Trastorno de Déficit de Atención.

Los programas centrados en Beta te ayudan a prepararte para hacer exámenes, jugar deportes, dar una presentación, analizar y organizar información, entre otras actividades donde la mente en estado de alerta y altos niveles de concentración son la llave para el éxito.

Como resultado, la música en esta frecuencia no es ideal para la meditación, pero es una buena idea de usarla para salir de la meditación.

Alfa – responsable de la visualización, relajación y creatividad, estas ondas ayudan a frenar el cerebro de las actividades rápidas de los patrones de Beta a ondas más gentiles de Alfa. Tu conocimiento se expande. Empieza a fluir energía creativa y fresca. Los temores se desvanecen. Tú experimentas un liberador sentido de paz y bienestar. En la bio-retroalimentación, el entrenamiento Alfa es más comúnmente recomendado para el tratamiento del estrés.

Los programas centrados en Alfa te ayudan a aprovechar tu creatividad y son excelentes para resolver problemas, encontrar nuevas ideas y practicar la visualización creativa. Escoja los programas de Alfa cuando quiera alcanzar altos niveles de relajación que son tan esenciales en su salud y bienestar.

El rango de las ondas Alfa está entre 7-12 HTZ. Este es un lugar de profunda relajación, pero no de meditación tranquila. En Alfa, comenzamos a acceder a la riqueza de la creatividad que se encuentra justo debajo de nuestra consciencia – es el portal, el punto de entrada que te lleva a estados más profundos de la consciencia. Alfa también es la casa de la ventana de lo que conocemos como la Resonancia de Schumann –la frecuencia resonante del campo electromagnético de la tierra.

Este es un buen estado para comenzar a meditar.

Theta – responsable de la intuición, memoria y meditación. Al ir a una relajación profunda entras al estado Theta, evasivo y misterioso, donde la actividad cerebral es tan lenta, casi al punto de dormirse, pero no está quieta. Theta es el estado del cerebro donde sucede la magia en el crisol de tus propias actividades neurológicas. Theta trae una receptividad aguda, destellos de imágenes de ensueño, inspiración y tus memorias olvidadas. Theta puede traerte profundos estados de meditación, la sensación de "flotar" y, porque es un estado expansivo, podrías sentir como tu mente se expande más allá de los límites de tu cuerpo.

Theta descansa directamente en el umbral de tu subconsciente. En la bio-retroalimentación, es más comúnmente asociado con los niveles más profundos de meditación. Theta también juega un papel importante en programas de modificación del comportamiento y ha sido usado en tratamientos de drogas y adicción al alcohol. Finalmente, es un estado ideal para el súper-aprendizaje, re-programación de tu mente, recordar sueños y auto hipnosis.

Las ondas de Theta rondan entre 4-7 Hz. Theta es uno de los reinos más elusivos y extraordinarios que podemos explorar, también es conocido como el estado crepuscular que normalmente solo experimentamos fugazmente cuando nos levantamos de las profundidades de Delta al despertarnos o cuando estamos por dormirnos. En Theta estamos en un sueño despierto, destellos de imágenes vívidas se proyectan ante el ojo de la mente y somos más perceptivos a información más allá de nuestra consciencia normal. Theta también ha sido identificada como el portal para aprender y memorizar. La meditación Theta incrementa la creatividad, mejorar el aprendizaje, reduce el estrés y despierta la intuición entre otras habilidades de percepción extrasensorial.

Este es el estado que alcanzarás a través de la meditación profunda.

Delta – Responsable de la salud, separa la consciencia y el sueño. Son ondas largas, lentas y ondulatorias, Delta es la más lenta de todas las frecuencias de ondas de tu cerebro; es más comúnmente asociado con el sueño profundo, ciertas frecuencias en el rango de Delta también activan la liberación de la Hormona del Crecimiento Humano, tan beneficioso para la curación y regeneración. Esto es por lo que dormir, de manera profunda y restauradora, de forma que se ayude a inducir las frecuencias de Delta, es tan esencial para el proceso de sanación.

Delta es la señal de la onda cerebral del subconsciente, del lugar de donde surge la intuición. Eso significa que los programas basados en Delta, no son solo una opción ideal para sus sueños y potencialde regeneración profunda, sino también para cuando quieras acceder a la actividad de tu inconsciente y ayudar a que la fuente de información fluya al estado consciente de tu mente para su limpieza y empoderamiento. El rango de las ondas de Delta están entre 0-4 Hz.

El estado de Delta es ideal para la relajación, pero no es el mejor para la meditación.

¿Qué hay sobre cantar?

Un camino de devoción usualmente involucra prácticas activa como tararear, cantar y hacer reverencias. Como habrás podido notar si alguna vez has cantado con un coro góspel o cantando himnos devotos de la India, puedes levantar tu espíritu, abrir tu corazón e intensificar tu devoción al alzar tu voz en alabanza de lo Divino. Si estas devotamente inclinado (o devotamente dañado), trata de mezclar tus meditaciones con pequeños cantos de vez en cuando. Elige canciones que tengan resonancia o sentido para ti. (Por ejemplo, conozco muchos hindús y budistas que aman cantar "Amazing Grace"). Tradicionalmente la sabiduría sugiere que cantar palabras sagradas y frases también tiene el poder de abrir, estimular y armonizar tus energías centrales. En este sentido, los cantos ayudan a "afinar" tu cuerpo y prepararte para meditar y otras prácticas espirituales.

Si esta no es tu taza de té, entonces no la hagas para nada. Realmente no hay respuesta correcta o equivocada cuando se trata de la práctica de meditación en general.

De hecho, si algo te hace sentir incomodo, entonces es mejor evitar hacerlo si al meditar de esa manera podría incrementar tus niveles de estrés y tensión, cuando eso es exactamente lo opuesto de lo que estas tratando de alcanzar ¿verdad?

Cantar puede ser tomado o dejado, según lo que quieras.

¿Necesito un maestro?

Esta es una pregunta que aquellos que están considerando meditar piensan en una u otra etapa. Mientras que este libro es una buena guía y puede ser usado por si solo para iniciarte, podrás darte cuenta que querrás más información o informaciones que no se proveen aquí.

La ventaja de encontrar un maestro es que tienes a una persona de carne y hueso que pueda guiarte en el proceso y que pueda usar su experiencia propia para ayudarte a lidiar con problemas que puedas afrontar. Si es alguien con quien tu puedes hablar y que entienda lo que estás pasando y que pueda inspirarte a continuar en el camino.

Un maestro, sin embargo, es alguien a quien debes considerar buscar seriamente, pero, antes de que lo busques en Google, necesitas decidir qué tipo de maestro quieres traer a tu vida.

Un instructor te ayudará a obtener las técnicas básicas correctamente y podrá ayudarte cuando aparezcan problemas o te ayudará a mejorar tus prácticas para que sean más efectivas.

Un mentor te ayudará motivándote y apoyándote mientras aprendes las técnicas, te dará consejos sobre cómo superar los bloqueos y actuará como un modelo a seguir por sobre todo. También te ayudará a que alcances tus técnicas correctamente.

Un experto es alguien que te explicará los textos y difundirá el conocimiento, especialmente cuando se trate de conceptos espirituales detrás de las prácticas. Esto es más un erudito que un maestro de técnicas.

Un maestro es alguien que encarna la esencia de la enseñanza espiritual y quien está dispuesto a ayudarlo a acercarse a la iluminación y avanzar en su propio viaje espiritual.

¿Por qué podría necesitar un maestro?

Puede que no necesites de un instructor mientras puedes aprender sobre las bases de la meditación en línea o fuera de línea. Algunas veces uniéndote a los foros correctos pueden proveerte muchas respuestas a tus preguntas básicas.

Por otro lado, si quieres ir un paso más allá y usar la meditación para conectar con el espíritu, necesitas empezar a buscar por alguien que pueda ser tu mentor o maestro.

Mientras más avances en el camino de la

meditación, más difícil se hará lidiar con problemas que surjan por su propia cuenta. Muchos de tus problemas más profundos e enraizados, tales como el miedo y enojo, pueden ser intensos y difíciles de lidiar. Puede haber tiempos en los que simplemente no sepas cómo continuar o quizás tengas varios problemas con bloqueos que se metan en tu camino.

Tal vez no tengas problemas, pero necesitas una forma para lidiar con altos niveles de energía espiritual que estas experimentando, después de todo, los consejos no son únicamente para cuando las cosas van mal.

En cuanto más adepto te vuelvas a la meditación, más probablemente empezarás a experimentar percepciones profundas y es ahí cuando podrías necesitar un maestro para ayudarte a revisar estas intuiciones y desarrollarlas más. El camino para el despertar espiritual comúnmente está lleno de giros y vueltas y puede que ni siquiera sea lo que consideramos un camino en lo absoluto.

En cuanto más intensamente comiences a

practicar, más comenzarás a moverte en aguas inexploradas y más resistencia obtendrás de aquellas áreas de tu mente que deseen mantener el status quo.

Tu maestro espiritual podrá proveerte apoyo valioso y guiarte através de estos procesos o posiblemente acelerar tu progreso apuntándote las maneras en que túpuedas mantenerte o resistirte. Algunos maestros actúan más como amigos espirituales, tratándote con la camaradería y respecto que esperarías de tus iguales, mientras que también te enseñan en términos de su propia experiencia. Otros actúan más como gurús tradicionales, transmitiéndote sus conocimientos directamente mientras te empujan activamente contra tus bloqueos personales.

La mayoría de los maestros podrían ser una combinación de los dos, impartiendo sabiduría y ayudándote a mejorar tu propia experiencia.

Cualquiera que sea el enfoque usado, sin embargo, la marca de un buen maestro es que ellos a través de la relación que tengan contigo, ayudan a crear un ser espiritual más iluminado.

¿Qué buscar en un maestro?

Siéntate y piensa por un momento qué idea tienes de un maestro de meditación o de profesor espiritual. Quizás sea alguien que destile y encarne los valores que enseña, quizás sea una persona quieta y contemplativa que espera que tu aprendas las respuestas que buscas con un poco de guía.

Lo que debes darte cuenta aquí y ahora es que no hay tal cosa como un maestro perfecto. Mientras que hay personas más alejadas del camino de la iluminación que otras, aún son solo seres humanos y ellos están haciendo lo mejor que pueden en ese nivel particular de iluminación.

Si decides creer que tu maestro es perfecto y tiene todas las respuestas, te estas preparando a ti mismo para una gran decepción. Por otro lado, si tú crees que tu maestro es alguien de quien vale la pena aprender, es más probable que seas feliz con los resultados.

Es tiempo que dejes a un lado tus nociones preconcebidas y veas si puedes encontrar un maestro con las siguientes características, que está bien encaminado hacia el éxito en general (puede que no encuentres a alguien que tenga todas estas características, así que busca alguien que tenga la mayor cantidad posible).

Humilde en naturaleza – una persona verdaderamente iluminada sabe que no lo es, en el gran esquema de cosas, más importante que otra persona. Si tu maestro es arrogante o tiene un ego demasiado inflado, corre.

Honesto y directo – Todos decimos mentiras blancas una y otra vez para hacernos más queridos. ¿Cuánto puedes aprender de alguien cuyo objetivo principal es hacer que te gusten?

Pensando no en el adoctrinamiento – En el camino espiritual, hay muchas respuestas posibles y un buen maestro te motivará a encontrar tu propia verdad en vez de que sigas ciegamente un conjunto de reglas.

No tiene hambre ni se muere por ser

famoso – Si a tu maestro le importa más incrementar el número de estudiantes que tiene o está más interesado en ejercer poder sobre sus estudiantes o de que aparezca su cara en televisión, corre lejos.

Encontrando a un maestro

Comúnmente se dice que cuando un estudiante está listo el maestro aparece y he encontrado que esto es verdad. Lo que realmente necesitas hacer es decir que estas buscando en un maestro, ahora, con esto no me refiero a poner un anuncio en Craiglist, sino en meditar un poco en la idea.

Ahora debes estar abierto a nuevas oportunidades para conocer nuevas personas y posiblemente conocer a tu maestro. Si tú quieres puedes unirte a un grupo de meditación o empezar a buscar por grupos espirituales.

Sin embargo, en cuanto más abierto estés a encontrar a un maestro, más rápido lo encontrarás.

Tu propia sabiduría interior

Antes de que vayas a buscar a tu maestro

espiritual, sin embargo, querrás chequear tu fuente interior de guía y sabiduría. En última instancia, es la única cosa en la que realmente puedes confiar y un buen maestro te ayudará a encontrarla. Sí, es cierto: incluso tú tienes un gurú interno.

Tú instintivamente sabes cuando las cosas son buenas o malas en tu vida y reconoces el bien del mal. Tu alma entiende el viaje que debes seguir para avanzar. Aquí esta cómo puedes acceder a esta sabiduría.

Empieza por sentarte tranquilamente; cierra tus ojos; respira lenta y profundamente, relájate un poco con cada exhalación.

Toma un par de minutos para imaginarte a ti mismo seguro, cómodo, relajada, en un lugar pacifico, usa todos tus sentidos para que sea una experiencia lo más vivida posible.

Mientras explores este lugar pacifico, podrás comenzar a sentir la presencia de un ser sabio y compasivo. Debes saber que este ser representa tu ser superior o tu verdad más profunda (Siéntete libre de usar cualquier palabra que tu prefieras para nombrar a este ser). Podrás sentir esta presencia en cualquier parte de tu cuerpo o puedes solo intuir que está ahí. Si no sientes la presencia inmediatamente, continúa disfrutando de tu lugar pacifico mientras invitas a este ser a que se te aparezca.

Imagínate a ti mismo sentándote en un lugar en particular y mirando frente a ti, relajado y abierto.

Gradualmente esta sabiduría y compasión comenzará a materializarse en el espacio frente a ti. Nota como aparece frente a ti. Puede tomar la forma de un viejo hombre o mujer sabio, o un maestro Zen, o un Cristiano contemplativo, o podría aparecer como una rosa o un árbol (o si no estás visualmente inclinado) o meramente un sentimiento en tu ombligo o en tu corazón. O podría ser solamente una versión vieja y sabia de ti mismo.

Toma cual sea la forma que se te aparezca y trátala con respeto y reverencia que podrías tener con un maestro espiritual. Nota: si este ser parece ser crítico o punitivo en cualquier sentido, no es el que estás buscando, así que pídele que dé un paso al lado e invita al real a aparecer.

Pasa un par de minutos en silencio en presencia de este ser sabio y compasivo. Puedes imaginarlo irradiando luz y amor en todas direcciones mientras silenciosamente recibes lo que tiene para ofrecerte.

Toma un par de minutos o más tiempo para hacer cualquier pregunta que tengas y recibe las respuestas. No te preocupes si este intercambio parece ser extraño o incomodo al principio, con práctica, encontrarás que este ser desarrolla su propia voz.

Antes de que digas adiós, puedes pedirle a este ser que te de un regalo que represente exactamente las cualidades que estés necesitando.

Cuando te sientas completo, agradece al ser por pasar tiempo contigo, dile que te gustaría encontrarte con él después en el futuro y dile adiós por ahora.

Gradualmente cambia tu consciencia a tu experiencia sensorial y abre tus ojos.

Toma algún tiempo para reflexionar sobre

las experiencias, respuestas y regalos que se te han sido dados.

Capítulo 4:

Consideraciones Prácticas

Cómo vestir

Cuando se trata de meditación no hay una forma correcta o incorrecta de vestirse mientras este cómodo. Usa ropa que no sea restrictiva y asegúrate que no estés ni muy caliente ni muy frío. Esto pareciera ser no muy importante si solo vas a meditar por 5 minutos o algo, pero si se convierte en algo importante cuando vas a sentarte por periodos largos. No querrás nada que te aleje de la meditación en sí misma.

Yo prefiero no usar zapatos cuando medito, ya que me parece estar más conectado con la tierra, pero si el clima esta frío podría ponerme un par de calcetines.

Dónde meditar

Puedes meditar dónde sea, especialmente cuando tengas más práctica, pero para empezar, encuentra un lugar que sea lo más calmado y quieto posible. Yo tengo un jardín muy pacífico y suelo meditar afuera debajo de un árbol cuando hay buen clima.

De nuevo, necesitas ser práctico, si meditas en interiores, asegúrate que la habitación sea cómoda y que haya buena circulación. Si meditas en exteriores, guíate por las condiciones del clima, por ejemplo, en un caliente día soleado es mejor sentarte en un espacio con sombra.

Además de eso, escoge un espacio que funcione para ti, he meditado incluso en un bus o tren. En cuanto más practiques, más fácil se te hará ignorar las distracciones externas.

Debes asegurarte siempre que es seguro meditar donde estas sentado, por ejemplo, no será buena idea meditar en un subterráneo o en un camino concurrido.

Donde sea que decidas meditar debes prepararte para una experiencia relajante. Si esto significa que puedes quedarte dormido, prepárate para que eso suceda, es por eso que meditar de la manera tradicional en un subterráneo no será la mejor idea, incluso puede ser difícil de lograr porque tú estarás preocupado por perder tu parada.

Encontré que es mejor elegir diariamente el mismo lugar de meditación hasta que te metas en el columpio de las cosas. Esto permite a tu mente formar una asociación entre el lugar y la meditación. Como resultado, se esperará que estés meditando en el mismo lugar y cada vez será más fácil deslizarte en el modo de meditación.

Cómo sentarse

De nuevo, esto dependerá de lo que sea más cómodo para ti. La imagen tradicional de una persona meditando es en la posición de loto –piernas cruzadas sobre el piso- es una posición buena y tranquila para empezar si puedes manejarla cómodamente, pero no es esencial.

Mi madre, por ejemplo, no se puede sentar en el suelo porque es muy difícil para ella levantarse sola, en vez de eso, ella se sienta en una silla y es igual de efectivo para entrar en un estado meditativo.

Puedes elegir acostarte si lo prefieres, pero un aviso sobre esto, es que puede terminar siendo demasiado relajante y es posible que termines por quedarte dormido en esta posición.

La llave es sentarte cómodamente en una posición en que no se ejerza una tensión excesiva sobre tu cuerpo, asegúrate de que tu sangre circule libremente y de que no te quedes rígido si te sientas en una posición por un tiempo.

Tú debes prestar atención a tu postura aquí, mantén tu espina recta y mantén tus hombros relajados con los brazos en una posición cómoda, asegurándote que eres capaz de respirar profundamente cómodamente.

Al principio, sentarte recto puede parecer menos cómodo para ti, pero realmente es mejor que estar encorvado. Los ejercicios de respiración profunda son una parte importante del proceso de relajación y no es fácil de lograr a menos que tu cuerpo este derecho.

Una buena postura también te mantendrá

en una mejor posición cuando aumente la duración de sus sesiones de meditación, ya que es menos agotador para su cuerpo.

¿Ojos abiertos o cerrados?
Esto dependerá de lo que funcione mejor para usted y sea más seguro. Digamos que por ejemplo, que tu estas practicando meditación profunda en el carro mientras manejas, claramente no tendrá sentido que cierres tus ojos.

La ventaja de tener tus ojos cerrados es que puedes cortar en minutos muchas de las estimulaciones externas. La desventaja es que teniendo tus ojos cerrados es más fácil que te quedes dormido mientras meditas.

Tú debes escoger qué manera funciona mejor para ti.

Respiración mientras meditas
Respirar es algo que todos hacemos, pero es algo que la mayoría hace incorrectamente. La mayoría de nosotros tiende a respirar muy superficialmente. Las respiraciones cortas y superficiales son algo que se desarrolló a partir de nuestro

instinto de supervivencia, destinado a darnos un impulso a corto plazo y hacer posible alejarnos del peligro. Piénsalo por un segundo, cuando estás excitado y tu corazón empieza a acelerarse, tu respiración automáticamente se convierte en superficial, lo que te permite respirar más.

El problema con esto es que se convierte en un hábito, sin estar consciente de ello, pasamos a la respiración superficial como regla y no como la excepción.

Al no prestar atención apropiada a la respiración, de hecho incrementamos el estrés en nuestros cuerpos y nos ponemos en riesgo de no ser saludables. La respiración profunda no solo hace tu meditación más relajante, también te ayuda a mejorar en general tu salud e inmunidad.

Más abajo discutiré si necesitas incorporar ejercicios de respiración antes de cada sesión de meditación.

Respirar ayuda a eliminar las toxinas y en la desintoxicación

El cuerpo del ser humano está diseñado para deshacerse de la mayor parte de toxinas a través del sistema respiratorio, especialmente al exhalarlas. Estas toxinas y el dióxido de carbono, producido como un resultado natural de los procesos del cuerpo, se acumula en los pulmones para permitir su exhalación. Si respiras muy poco, tus pulmones nunca se vaciaran completamente de estas toxinas y podrían pasar a tu torrente sanguíneo.

Respiración profunda te ayuda a relajarte

Cuando estas bajo presión o estresado, tu cuerpo automáticamente se vuelve tenso y tu respiración se vuelve superficial. Al respetar más profundamente estas permitiendo a tu cuerpo acceder a más oxígeno y a ralentizar los procesos corporales. La combinación de estas dos permite que tu cuerpo se relaje y libere tensión.

La respiración profunda ayuda a enfocar la mente

Otro efecto secundario al obtener estas dosis extras de oxigeno es que tu mente obtiene lo que necesita para operar con eficiencia óptima. Esto te ayuda a concentrarte y a enfocar mejor tu cuerpo de forma general.

La respiración profunda ayuda a liberar dolor

Porque la respiración profunda ayuda a relajar el cuerpo, el dolor se vuelve menos agudo. Los científicos han probado que la respiración profunda puede jugar un importante rol cuando se trata de dolores crónicos.

La respiración profunda refuerza la circulación

Cuando respiramos de manera superficial, estamos usando típicamente solo un tercio de la capacidad de nuestros pulmones, como resultado, solo estamos tomando un tercio de la cantidad de oxigeno que podemos y la respiración tiene poco impacto en el resto de nuestro cuerpo.

Cuando practicamos la respiración profunda, el abdomen entero está envuelto y los órganos internos son masajeados, los músculos abdominales también se vuelven más tonificados. El resultado es en general una mejor circulación.

La respiración profunda ayuda al desarrollo muscular y a la circulación

Cuando el oxígeno escasea, los sistemas críticos del cuerpo primero obtienen información del oxígeno que hay, el cerebro y los sistemas primarios del cuerpo obtienen tratamiento preferencial, los músculos no son considerados parte del sistema preferencial por lo que sanar y desarrollar los tejidos musculares puede no desarrollarse de manera óptima a menos que se practique la respiración profunda regularmente.

La respiración es el proceso de oxigenación de todas las células del cuerpo. Con el suministro de oxígeno en el cerebro esto aumenta los músculos en tu cuerpo.

La respiración profunda oxigena la sangre

En cuanto más oxigeno tomemos durante la respiración, más oxígenos estará disponible para ser tomado por la sangre y mejor oxigenada se vuelve la sangre. Esto permite que el oxígeno sea transportado a todas las áreas necesarias y permite que la sangre sea mejor depurada del dióxido de carbono y otras toxinas.

La respiración mejora la calidad de la sangre

La respiración profunda remueve todo el dióxido de carbono e incrementa el oxígeno en la sangre lo que aumenta la calidad de la sangre.

La respiración profunda ayuda a mejorar la capacidad de los pulmones y la salud

Los pulmones son como cualquier otro órgano del cuerpo, en cuanto más lo ejercites, más eficiente y saludable se volverá. La respiración profunda ayuda a expandir y tonificar los pulmones, asegurando una mejor salud y mejorando la capacidad pulmonar.

La respiración profunda fortalece el sistema cardiovascular

Al mejorar la cantidad de oxigeno disponible para todo el sistema, la respiración profunda ayuda a reducir el trabajo cargado al corazón. El sistema cardiovascular no tiene que esforzarse para asegurase que todas las partes del cuerpo este recibiendo el oxígeno que necesita. Mejora la circulación y permite que el sistema cardiovascular se vuelva más eficiente.

La respiración profunda te ayuda a perder peso

La respiración profunda induce en respuesta a la relajación, y esto, a su vez, ayuda a calmar la producción de cortisol. El cortisol es la hormona que le indica al cuerpo que guarde grasa, particularmente alrededor del área del ombligo. Al reducir los niveles de esta hormona en la sangre, tú estás, en efecto, facilitando que tu cuerpo deje ir el exceso de grasa, en vez de que la acumule.

La respiración profunda ayuda a incrementar los niveles de energía

Puede sonar contradictorio, pero la respiración profunda puede ayudarte a relajarte y estar más alerta al mismo tiempo. Al tomar más oxígeno estas permitiendo que las células de tu cuerpo operen a óptimos niveles y esto, a su vez, significa un incremento en la producción de energía para ti de forma general.

La respiración profunda ayuda a las células a regenerarse

Todos los procesos en el cuerpo requieren oxígeno y mientras tu cuerpo puede funcionar con bajos niveles de oxígeno, la respiración profunda significa que tu cuerpo ahora tiene el oxígeno que necesita para llenar el proceso regenerativo. Te terminarás viendo y sintiéndote más joven y sano.

¿Cómo respirar correctamente?

En orden de respirar apropiadamente necesitas respirar profundamente en tu abdomen, no solo en tu pecho. Aun en los viejos tiempos griegos y romanos, los doctores recomendaban la respiración profunda, el mantenimiento voluntario de aire en los pulmones, creyendo que este ejercicio limpiaba el sistema de impurezas y daba fuerzas. Esto ciertamente es de gran valor para ti en tu trabajo en el mundo. Los ejercicios de respiración deben ser profundos, lentos, rítmicos y a través de la nariz, no por la boca. La parte más importante de la respiración profunda tiene que ser regulando tu respiración por 3 o 4 segundos adentro, y 3 o 4 segundos fuera.

La respiración profunda hecha apropiadamente

A diferencia de la meditación, esto es algo que puedes hacer bien o mal. El proceso básico es simple – inhala profundamente para que tus pulmones puedan expandirse a su mayor capacidad posible. Esto a su vez hará que el diafragma se mueva, empujando también la cavidad abdominal afuera.

Mantener la respiración por un pequeño momento, luego respira profundamente de nuevo, esta vez asegurándote que la cavidad abdominal también se contraiga.

El conteo de inhalación y exhalación tiene un impacto sobre si la respiración será más relajante o energizante. Antes de la meditación, el conteo de inhalación deberá ser siempre igual o menor que la cuenta de exhalación en orden de promover la relajación. Siempre mantén tu respiración en la misma cuenta que hiciste al inhalar, por ejemplo, si respiras a la cuenta de 4, necesitas mantenerlo por la cuenta de 4 y luego exhalar a la cuenta de 4 o más en orden de promover la relajación.

Si tienes el tiempo, puedes re energizarte a ti mismo al final de la meditación al hacer en reversa este proceso, por ejemplo, si inhalas a la cuenta de 4, lo mantienes por la cuenta de 4 y luego exhalas a la cuenta de 3 o menos.

Tú puedes siempre inhalar a través de la nariz y exhalar a través de la boca.

Si no tienes el tiempo de meditar, puedes practicar estos ejercicios de respiración profunda en cualquier lado, trata practicar cuando tú estas esperando en una línea o en camino a casa, por ejemplo.

La ventaja de respirar cuando se trata de enfocar la meditación es que hay algo tangible en lo que tú realmente puedes concentrarte. Puedes enfocarte específicamente en tu respiración en orden de sacar otros pensamientos fuera de tu mente. La respiración esta siempre ahí y no cuesta nada practicarla.

Si eres nuevo en la meditación, contar tu respiración puede ser útil para enfocar tu mente y construir la concentración que necesitas para cuando medites.

CAPÍTULO 5:

SE COMPROMETIDO

Hábitos que mejorarán tu experiencia

Hay un número de diferentes estilos de meditación y diferentes vías que puedes seguir. Puedes, de hecho, puede ser abrumador cuando empiezas a estudiar la meditación como un todo. Sé que quería probar cada uno de los tipos que leí, yo eventualmente terminé haciendo un diferente tipo de meditación cada día de la semana.

Al mirar atrás, esa fue mi manera de condimentar las cosas un poco y rápidamente darme cuenta que no era la mejor forma de hacer las cosas. En este capítulo, compartiré mi top de consejos para hacer lo mejor de tus sesiones de meditación e integrarla en tu vida.

Escoge UN ESTILO que funcione

Inicialmente puedes experimentar con

diferentes estilos para ver cuál funciona mejor para ti, pero, al final del día, deberás elegir solo uno para ti cada día, siéntate a meditar. Esto permite que tu mente obtenga suficiente práctica en esta técnica y ayude a dominarla.

Si cortas o cambias métodos frecuentemente, te convertirás en un gato de todos los oficios y maestro de ninguno. Es mucho mejor establecerse y aprender un método.

Cuando seas maestro de un método puedes buscar empezar a incorporar otras técnicas.

Esfuerzo consistente

Si eres realmente serio en obtener todos los beneficios que ofrece la meditación, aparta de 5 a 10 minutos cada día o cada día de por medio para practicarla. Algunas personas tratan de apartar una hora a la semana para meditar, pero esto es mucho menos efectivo porque tienen menos práctica.

Práctica, practica y práctica de nuevo, 5 minutos no es un largo tiempo y puede fácilmente ajustarse a tu día.

Tiempo de sesiones razonables

Bueno, si meditar por 5 minutos al día es bueno, meditar por una hora ¿será mucho mejor? De hecho, a menos que logres meditar esto no puede estar más lejos de la verdad.

Puedes ver la meditación como un deporte si quieres, si quieres ser capaz de correr una maratón deberás ponerte a entrenar. Lo mismo puede decirse de la meditación, ¿saldrías mañana a correr y ganar una ultra-maratón si nunca has corrido en tu vida?

Meditar por más de 20 minutos requiere de mucha disciplina y no es algo que fácil para los principiantes.

De hecho, no importa que tan entusiasta seas, te estas preparando a ti mismo al fracaso al establecer sesiones muy larga. Terminarás esas sesiones la mayoría de las veces sintiéndote como que si hubieras fallado porque ordenar tu mente puede ser difícil al inicio. Esto puede llevarte a rendirte cuando lo único que era necesario era aprender a lidiar con estas cosas lentamente al inicio y luego trabajar en incrementar el tiempo que inviertes a partir de entonces.

Manteniendo notas

Es una buena idea mantener un diario de meditación, no necesita ser profundo o fantasioso. Después de cada meditación escribo la fecha y los temas principales que surgieron y cada intuición que encuentro interesante, cosas en las que quisiera pasar más tiempo en el futuro.

Esto no es completamente necesario y sin duda puede ser saltado si no tienes el tiempo, yo si encuentro que al escribir un simple par de palabras como notas después de cada sesión ayuda después cuando se tratar de ver patrones.

Por ejemplo, fui invitado a la fiesta de compromiso de mi primo y estaba muy feliz por él, merece ser feliz; al mismo tiempo, empecé a notar que mis meditaciones se volvieron un poco más introspectivas y seguí teniendo ese sentimiento de ira una y otra vez.

Luego de los siguientes meses, recibí esas ráfagas de ira periódicamente y me di cuenta que no todo estaba bien con el mundo, así que decidí meditar sobre eso ¿de dónde provenía la ira? ¿Estaba enojado de que mi primo se casará, por ridículo que eso suene?

Regresé a mis notas y descubrí que cada vez que reflejé irá en mis meditaciones, algo relacionado con la boda había pasado —el anuncio del compromiso, la invitación a la boda, la cena de ensayo, etc.-

Resultó que cuando medité sobre eso, descubrí que la invitación a la boda de mi primo había movido mi propia irá relacionada con mi divorcio, el enojo no tiene nada que ver con él en lo absoluto y todo tenía que ver con mis sentimientos sin resolver sobre mi divorcio.

Mantener un diario no era necesario, pero en este caso, realmente me ayudó a identificar patrones en mi vida que estaban causando mis problemas.

Si decides mantener un diario de esta naturaleza, no te preocupes por asegurarte que la escritura se vea bien o incluso que escribas largas oraciones fluidas. Haga una lista de puntos en vez de escribir una novela.

Las páginas de la mañana

Esta es una técnica que aprendí de Julia Cameron en su libro "The Artist´s Way" (El camino del artista) y lo adapté para hacer mi proceso meditativo más efectivo de forma general.

La idea es simple, cada mañana, poco después de despertar, escriba un par de páginas. Puede escribir lo que sea que quiera, mientras que terminé con 2 páginas tamaño A4 al final, sin editarlas, sin preocuparse por la gramática, etc.

Yo hago esto justo antes de meditar y suelo encontrar que hace resaltar cosas que necesitan atención.

La razón por la que esto es tan efectivo es porque permite que tu mente subconsciente haga contacto de una forma que no permite que el cerebro racional interfiera demasiado. Una vez estaba impactado cuando leí mi página y descubrí que había escrito sobre un incidente en la escuela –uno que había olvidado hace mucho tiempo- pero que obviamente tuvo un impacto en mí.

Esto fue en uno de los días en los que no tenía ni idea de lo que debería escribir y debía hacerlo, "no sé sobre qué escribir", cuando la "inspiración" de repente se estanca.

Este ejercicio también puede ser clasificado como una forma de meditación, así que si estas teniendo problemas para concentrarte durante una meditación tradicional o en encontrar el tiempo para realizarla, esta es otra alternativa para que intentes. Nunca sabes que puede surgir y es muy excitante.

Meditación de la atención plena en expansión

La meditación de la consciencia plena es realmente una buena manera de disfrutar tu vida a cada momento y de estar presente en tu vida de la forma que importa. He establecido algunas meditaciones de atención plena para que puedas darle un vistazo, pero por ahora, quiero motivarte a elegir un objeto/tarea en tu vida para tener en cuenta; puede ser comer tu cena o manejar al trabajo, no importa lo que sea, mientras que hagas la actividad, estés plenamente atento a eso. Continúa de esta manera por una semana.

En la segunda semana, seguirás estando plenamente atento cuando realices esa actividad, pero, también vas a escoger una segunda actividad para estar atento. Y así en adelante, eventualmente serás consciente de cada acción que realices en tu vida.

Capítulo 6:

Simple meditación para principiantes

Formas fáciles para desarrollar tus habilidades

Practicar la meditación no necesita ser algo complejo, como lo mencioné anteriormente, es lo que funcione para ti. Para principiantes, es mejor empezar con simples ejercicios y tratar de mantener la concentración en cortos periodos de tiempo, al menos de 5 a 10 minutos al principio, puede no parecer mucho, pero cuando estas lidiando con aclarar la mente sí puede serlo.

También es recomendable intentar un poco de diferentes técnicas para ver cuál funciona mejor para ti. En este capítulo, veremos algunas meditaciones simples en diferentes estilos para que puedas tener una idea sobre la meditación de manera general.

Un ejercicio de relajación básica

Este es un ejercicio que es bueno de realizar cuando tu cuerpo está particularmente tenso, solo toma un poco de minutos y queda bien justo antes de tus meditaciones.

Siéntate cómodamente y cierra tus ojos. Respira profundamente y agarra tus pies por unos segundos. Relájalos y siente como la tensión se derrite. Repite este procedimiento con tus pantorrillas y los músculos del muslo, moviéndote por todo el cuerpo hacia arriba, los brazos y terminando con los músculos en tu cara.

Repítelo si es necesario. Este ejercicio ayuda a drenar los dolores musculares de todo el cuerpo.

Una meditación significativa

Encuentra un lugar para meditar, uno donde no seas interrumpido por al menos 15 minutos, apaga tu teléfono y cualquier otro sonido fuerte en la habitación. Puedes, si quieres, reproducir música relajante para ayudarte a calmar tu mente, es mejor si utilizas un sonido suave de fondo y música que no tenga letra. Identifica una frase que tenga significado para ti, esta será tu mantra durante tu meditación, por ejemplo "el amor es la llave".

Siéntate cómodamente en una postura relajada, pero asegúrate que tu espalda este recta. Si tu cuerpo esta tenso necesitarás hacer los ejercicios básicos de relajación detallados arriba.

Cierra tus ojos y respira profundamente a través de tu nariz, todo el tiempo repitiendo la frase que elegiste en tu cabeza. Es importante, para este ejercicio, asegurarte que solo repitas esta frase en tu cabeza y no en voz alta (hay meditaciones que involucran el canto, pero esta no es una de ellas).

Mantén la respiración mientras cuentas hasta 5, luego libera lentamente por la boca, de nuevo repitiendo la frase que elegiste silenciosamente a ti mismo. Repite esto un par de veces y luego termina concentrándote en tu respiración en general. Luego regrésate lentamente a las cosas al abrir tus ojos y levantarte lentamente. Date a ti mismo un minuto o dos antes de regresar a tu día normal.

Es importante, al menos al inicio, de hacer una revisión de cómo se dieron las cosas, esto no debe ser un gran análisis, solo un rápido chequeo para ver si el método funciona para ti ¿fue fácil concentrarte en tu frase o tu mente quería un poco de quietud? ¿Fue fácil de recordar tu frase o tenías que estar pensando cuál era?

No te molestes si tu primera meditación no funciona como habrías esperado. Esto es algo que necesitas practicar, esta meditación tampoco funcionará para todos, así que has experimentos con las otras hasta que obtengas la caída de las cosas.

Algunas Meditaciones Básicas Trascendentales

Ponte cómodo en un lugar donde no seas interrumpido. En este ejercicio deberás escoger un objeto para concentrarte, puedes, por ejemplo, concentrarte en la flama de una vela o en un espacio en la pared. Es mejor elegir un artículo bastante genérico que no te evoque una respuesta emocional (puedes una vez que hayas desbloqueado las cosas, progresar a un objeto que tenga un mayor significado para ti).

Relájate y empieza a respirar lentamente a través de tu nariz y por la boca. Concéntrate en el artículo que has elegido, si se aparecen pensamientos en tu mente, déjalos pasar sin juzgarlos, siempre regresando tu atención al objeto que has elegido.

Mantente así por un par de minutos y luego gradualmente permítete cambiar tu atención a tu vida diaria. Date algunos minutos para regresar a tu consciencia plena de nuevo y evalúa lo sucedido en el ejercicio. De nuevo, no te preocupes si no funciona exactamente como esperabas que lo hiciera.

Meditación a través de la respiración

Siéntate en una posición cómoda donde no seas interrumpido. En este ejercicio te concentrarás en tu respiración como siempre, pero esta vez no habrá un conteo involucrado. Puedes actuar simplemente como un observador, notando como la respiración se mueve por tus fosas nasales, llena tus pulmones y empuja tu ombligo. En este ejercicio simplemente permitirás que ocurra la respiración en su ritmo natural sin forzarla de ninguna manera.

Si encuentras a tu mente preguntándose, gentilmente reenfoca tu atención en tu respiración de nuevo. Los pensamientos e imágenes ciertamente continuarán apareciendo mientras intentes calmar tu mente, pero no te preocupes por eso, simplemente empújalos al fondo de tu mente y reenfócate en tu respiración. Sigue regresando a tu respiración. Si encuentras que esto es muy difícil de mantener, has el ejercicio básico de meditación en el Capítulo 2, cuenta tus respiraciones. Si enfocarte en tus respiraciones más que en el conteo no funciona al principio, trátalo de nuevo varias veces a la semana, puede ser que tu cerebro realmente necesite practicar más la meditación en orden de lograr enfocarse.

Relajación profunda

Aquí hay una meditación que puedes hacer cada vez que tengas un poco más de tiempo para gastar en meditar o si realmente quieres deshacerte del estrés o la tensión que se acumula a través de la vida diaria. Este es un buen ejercicio para ti cuando sientas que necesitas relajarte y recargarte un poco.

Vístete cómodamente con ropa no restrictiva y acuéstate, el suelo es el lugar ideal para este ejercicio puesto que la cama puede ser demasiado cómoda, necesitas poner tus brazos sueltos a tu lado y posicionar tus piernas un poco apartadas la una de las otras.

Toma un par de segundos para sentir la sensación de tu cuerpo tocando el suelo y sintiendo donde tu cuerpo está cargando la tensión.

Cierra tus ojos y respira profundamente por tu nariz. Mientras estas respirando concéntrate en tus pies, cuando exhales menea tus pies un poco, asegurándote de alternando flexionando y apuntando. Relaja tus pies y, mientras haces eso, siente la tensión saliendo de ella hacia el piso. Tus pies comenzarán a sentirse pesados y mucho más relajados.

Repite este ejercicio con tus pantorrillas, luego tus muslos y caderas, todo mientras imaginas como la tensión y cualquier dolor presente flota fuera de tus extremidades hacia el suelo con cada exhalación.

Muévete hacia el ombligo y toma un par de respiraciones profundas, de nuevo imagina la tensión flotando fuera de tu estomago hacia el suelo.

Repite con el pecho y el cuello antes de los hombros, brazos y manos. A través de este proceso, las áreas que están relajadas deberían empezar a sentirse muy pesadas.

Termina concentrándote en hacer lo mismo con tu cabeza. Si puedes, imagina la tensión goteando fuera por tu cuero cabelludo. Termina chequeando cada área de nuevo por si queda alguna tensión, repite el ejercicio como sea necesario en esas áreas que aún sienten alguna tensión.

Ahora concéntrate en el sentimiento de relajación completa mientras imaginas que tu cuerpo completo se vuelve pesado y relajado. Acuéstate en esa posición por al menos 5 minutos, concentrándote en el sentimiento de relajación.

Si empiezas a sentirte aburrido, es hora de salirse. Regrésate a ti mismo moviendo tus manos y pies de nuevo y estirando tus extremidades a fondo. Una vez que este hecho puedes abrir tus ojos y sentarte lentamente, estírate de nuevo completamente antes de pararte, una vez que estés de pie, estírate una última vez.

Sonidos de meditación

Con esta meditación, puedes escoger un mantra o sonido que apele a ti y siga los mismos pasos básicos que la meditación significativa. La diferencia aquí es que dirás el sonido en voz alta.

Es mejor elegir un sonido simple o un mantra como "Om" o "Amor es la llave", escoge cualquiera que vaya contigo.

Oraciones de meditación

Esta es una forma de meditar que ha probado ser muy efectiva a través de las culturas orientales y occidentales. No se deje intimidar por el nombre "cuentas de oración" es un simple término usado. Puedes buscar un rosario o perlas de preocupación o simplemente tener una cadena con cuentas, realmente no importa que tamaño o forma tenga, mientras que sean del mismo tamaño y estén en una misma hebra continúa, sin broches ni ataduras.

Para esta meditación simplemente sostienes las cuentas en tu mano dominante y mientras repites tu mantra (en tu mente o en voz alta) corres una cuenta por tus dedos. Las cuentas ayudan a mantener tu mente ocupada un poco y hace más fácil aclarar tu mente de pensamientos a excepción de tu mantra.

Puedes, si quieres, elegir un set de cuentas que tenga una ligeramente más pequeña que las otras o que tenga un comienzo y final marcado para que te ayude a contar el tiempo.

Meditación para aclarar tu mente

Este es otro buen ejercicio si quieres limpiar tu mente de todos tus pensamientos y solo encontrar calmar en el caos.

Siéntate cómodamente y cierra tus ojos. Toma un par de respiros profundos y visualiza una enorme pantalla blanca en el ojo de tu mente. Esta pantalla debe abarcar por completo el campo de tu "visión". Yo imagino una pantalla de cine y funciona muy bien.

Ahora imagine un punto negro formándose en el centro de la pantalla, imagine que incrementa de tamaño hasta que abarca toda la pantalla y el blanco es completamente reemplazado por el punto negro.

De nuevo, enfóquese en la pantalla, esta vez imagínese un punto blanco en el centro, ahora imagine el punto blanco creciendo y creciendo hasta que cubre completamente la pantalla negra.

Repita esto un par de veces en orden de aclarar su mente.

Capítulo 7:

Meditación de atención plena

Para cuando no tenga el tiempo de sentarse y meditar

Meditar es solamente el proceso de enfocar su mente en una actividad en particular, más que de tener un montón de pensamientos zumbando. A veces simplemente no tienes tiempo de sentarte y meditar formalmente, pero aun así hay maneras de encajar en una forma de meditar en tu horario diario. La meditación de atención plena puede hacerse en cualquier lado, a cualquier hora y requiere únicamente de prestar atención completa a la tarea a la mano. Eso significa que te enfocas en el aquí y ahora, dándole a tu tarea tu completa atención en vez de permitir a tu mente que entre en piloto automático y tus pensamientos igual.

Tu mente es como un niño a veces, se

aburre rápidamente y quiere encontrar otras cosas en las que ocuparse ¿Cuántas veces has manejado o viajado a tu trabajo y darte cuenta que realmente no recuerdas el viaje? Si eres como yo, probablemente has hecho esto muchas veces.

Cambiando el enfoque de tu atención interior

El problema de vivir en piloto automático o no concentrándote en las tareas a la mano es que terminas perdiéndote de un trozo del presente. Tal vez estas muy preocupado con lo que está a tu alrededor, quizás tus pensamientos se han vuelto hacia el futuro, cualquiera que sea la distracción, te está previendo de vivir en el presente y esto es una pena. Estas tan enfocado en estímulos externos o cosas que aún no han pasado que te olvidas de cómo te sientes aquí y ahora y esto hace que los logros y felicidad sean simplemente imposibles de alcanzar.

Nos han enseñado que la felicidad es algo que debemos encontrar externamente, algo que debemos alcanzar al tener un plan para nuestro futuro, cuando la verdad es que la llave para ser feliz está realmente en cada uno de nosotros.

Has este ejercicio rápidamente, piensa en cómo te estas sintiendo en este momento en el tiempo ¿cuáles son tus pensamientos, qué sensaciones estas experimentando? ¿Esdifícil mover tu enfoque interior o de concentrarte en lo que tus sentidos te están diciendo?

Si encuentras este ejercicio difícil, no estás solo. Tu mente es como un pequeño niño malcriado, esperando a hacer solo lo que quiere hacer y aburriéndose rápida y fácilmente, tratará de distraerte al mandarte más pensamiento en tu camino, y como resultado, será más difícil de que te concentres simplemente en lo que está pasando aquí y ahora solamente.

Este constante estado de flujo es lo que el cerebro ha utilizado a través de los años, por lo que deberás ser paciente y seguir intentando de traer de nuevo tu enfoque al presente y a lo que estas sintiendo. Con practica regular te volverás más adepto al proceso en general y podrás desaprender el hábito de siempre pensar unos pasos por adelantado.

Hay diferentes variaciones de este ejercicio, así que elige una que funcione mejor para ti.

Variación 1: Enfócate meramente en lo que estás pensando y sintiendo, y como experimentarlo de hecho cambia la completa experiencia. Puedes, por ejemplo, notar cómo tu cerebro se mueve de un pensamiento a otro o incluso de lo que estás pensando. En vez de preocuparte sobre lo que significan tus pensamientos puedes simplemente observar que estas sintiendo cosas.

Variación 2: Deberás al inicio superar la tendencia del cerebro de enfocarse en estímulos externos y por el contrario enfocarse en tus propias experiencias internas, cuando hayas superado esto, puedes cambiar de nuevo a enfocarte en lo externo en vez del mundo interno.

Variación 3: Aquí ignorarás todos los pensamientos del pasado o del futuro y te concentrarás solo en las experiencias que tengas en el momento. No importa si has hecho la misma cosa una y otra vez, cada vez es diferente y enfocarte en lo que estas experimentando ahora más que en lo que has experimentado en el pasado hará esto más claro para ti.

Variación 4: Cuando sales de la cama por la mañana ¿cuál es tu primer pensamiento? No tengo la duda de que piensas sobre todo lo que tienes que lograr en el día, atravesando tu lista mental de las cosas por hacer. Todos tenemos listas de cosas que necesitamos hacer y terminamos haciendo cosas en vez de simplemente ser ¿recuerdas cuando eras un niño y simplemente tomabas la vida como viniera? Trata de volver a ese estado del ser, más que preocuparte por lo que tienes que hacer.

Relajación total

Cuando comiences a meditar, podrás tener algunas arrugas que necesites planchar. No dudes que has acumulado mucho estrés y tensión en tu cuerpo con los años y estos pueden ser difíciles de deshacerse.

Al meditar, estas alejando tu enfoque de este estrés y tensión y permitiéndote a ti mismo olvidarte de ellos al menos por un corto periodo de tiempo. Con el tiempo, estos beneficios se acumulan y empezarás a ver un notable mejoramiento en el estrés y tensión del cuerpo.

En los pensamientos iniciales, este estado de relajación puede ser difícil de lograr así que he incluido algunas meditaciones que puedes hacer en cualquier momento para ayudar a ambos, cuerpo y mente.

Caminar conscientemente

Si estás muy inquieto por sentarte y meditar, puedes comprometerte con la meditación caminando. Este es un tipo de meditación que ha sido extensamente practicada a través de los siglos. Es el concepto detrás de esto lo que llevo al desarrolló de los laberintos de meditación. Básicamente el laberinto es un camino que debe ser seguido con un diseño complejo, hay solamente un camino para caminar, pero el laberinto gira y gira para que la mente no pueda descubrir como vencerlo.

Como resultado, la mente se rinde de tratar de descubrir y simplemente experimentas caminando por el camino y de estar presente en el momento. El laberinto de la Catedral de Chartres en Francia es uno de los ejemplos más famosos de laberintos de meditación.

Puedes buscar por instalar un modelo más pequeño en tu jardín o simplemente caminar hacia adelante o hacia atrás adentro o afuera de tu casa, realmente depende de lo que prefieras y como te sientas cómodo.

Empieza por caminar normalmente y contar tus respiraciones para mientras. Una vez que hayas establecido el ritmo, puedes empezar a alterar los pasos en línea con tu respiración. Puedes, por ejemplo, inhalar a la cuenta de 4 y tomar cuatro pasos al mismo tiempo, luego podrías exhalar a la cuenta de 4 y tomar otros cuatro pasos al mismo tiempo. El número de pasos no es realmente tan importante, mientras seas consistente y mantengas la misma paz en todo.

Mientras también monitoreas tu

respiración, puedes también tomar nota de la sensación de tu pie golpeando el piso y tus piernas moviéndose, no mires directamente al suelo, pero trata de ver ligeramente sobre ti.

Puede ser difícil concentrarte en ambas, tu respiración y la sensación de tus piernas, pies moviéndose y si encuentras que puedes elegir una cosa para concentrarte en uno de estos aspectos hasta que tengas más practica en las caminatas de meditación.

En lo que sea que te concentres, en el movimiento, respiración o ambos, no dejes que tu mente se preocupe de nada y siempre trae tu atención de regreso al movimiento o respiración en el presente.

Comer conscientemente

¿Cómo reaccionas a las horas de la comida? ¿Engulles la mitad de la comida sin siquiera saborearla apropiadamente porque tu mente se enfoca en otras cosas? Comer conscientemente puede ayudar a poner un alto a eso y beneficiarte al mismo tiempo. Ahora te tomarás el tiempo de realmente saborear cada uno de los bocados y tomarte el tiempo de reconocer la sensación de comer.

Esto te ayudará a comer más lentamente y hará que comer sea una experiencia más agradable que nunca. Te ayudará a reducir la tensión y te facilitará una digestión apropiada de la comida.

Antes de comerla, dale un vistazo a la comida en sí y cómo ha sido preparada. Tomate el tiempo para oler los aromas de la comida y disfrutar los sabores. Tomate un poco del tiempo para ser agradecido por la comida en tu plato.

Cuando levantes un cuchillo o tenedor, concéntrate en cómo se siente cortar la comida; cuando pongas la comida en tu boca, concéntrate en los aromas y sabores de la comida, cómo se siente comerla, a qué sabe y cómo se siente tragarla.

Tomarte el tiempo de realmente experimentar tu comida en vez de simplemente tragarla te ayudará a ser más lento y disfrutar tu comida.

Meditación de curación ligera

Esta meditación es más que una, que nace del ser consciente del cuerpo y aprender qué áreas están más necesitadas de curación.

Empieza por hacer tus ejercicios normales de relajación y comienza con tu meditación. Después de meditar por unos minutos, respira profundamente 4 veces, cada vez libera un poco más de tensión con cada exhalación.

Imagina una bola clara de energía y luz justo frente a ti.

En esta luz, las cualidades que quieres manifestar o sentir que necesitas justo ahora están presentes. Concentrarte en una o dos cosas en esta primera meditación e imagina que están en la luz, siendo lo más específico posible.

Mientras la luz flote enfrente de ti, siente su brillo y resplandor entrando a tu cuerpo y haciéndote sentir cálido y más en paz (yo encuentro muy útil mirar a la luz como un gentil rayo de sol). Imagina que la bolla de energía dibujando en los poderes benevolentes dentro del universo que te ayudarán a sanar y crecer.

Imagina tu cuerpo absorbiendo las energías curativas de la bola y comenzando a brillar con un resplandor interior a medida que las energías entran. Visualiza la energía negativa y tensión drenándose de tu cuerpo y siendo reemplazadas por esta maravillosa luz y la propiedad que has determinado que necesitas dirigir a través de ti.

Mantente de esta manera hasta que logres absorber toda la energía de la bola dentro de ti. Visualiza la energía inundando cada célula de tu cuerpo. Continua imaginando esta poderosa, luz curativa llenando cada célula de tu cuerpo y tomando la esencia curativa por tu cuenta.

Medita sobre esto por un par de minutos antes de gentilmente regresarte.

Sonrisa Consciente

Cuando te sientas deprimido, el simple hecho de sonreír puede ayudarte a sentirte un poco mejor. Los músculos faciales están relajados cuando sonríes y esto es porque la alegría real tiene un efecto curativo. Al forzarte a ti mismo a sonreír, también estas presentando una buena cara amable al mundo y este responderá siendo amable contigo. Esto, a su vez, te ayudará a sentirte feliz y bueno en general.

Siéntate y relájate, practica algunas respiraciones profundas y ponte en tu pose normal de meditación.

Ahora sonríe un poco, no tiene que ser una sonrisa falsa, una media sonrisa funcionará muy bien. Identifica los sentimientos que experimentas cuando sonríes y si tu cuerpo está o no relajado ¿te sientes cómodo sonriendo de esta manera o te sientes como un idiota?

Ahora que has practicado sonreír durante la meditación y has identificado los sentimientos que vienen con ello, necesitas incorporar la sonrisa en tu vida diaria, por lo menos alrededor de 10 minutos por hora. Puedes elegir el tiempo y lugar que quieras, sonríe durante el desayuno o en el metro, la elección es tuya.

Luego de hacer esto cada día durante una

semana, revisa si sonreír o no ha cambiado tu forma de interactuar con los demás y cómo ellos te responden. Continúa incorporando la sonrisa consciente en tu vida y la próxima vez que te estés sintiendo deprimido, sostén la sonrisa por lo menos 30 minutos y mira si te ayuda a sentirte un poco mejor.

Lugar pacifico

Esta meditación es la que se basa en su propia experiencia para producir el sentimiento de calma y relajación. Es una muy efectiva meditación para esas veces en que realmente te sientes estresado y enfermo.

Empieza como lo haría otra meditación, tomando respiraciones profundas y relajando el cuerpo.

Trae a tu mente un momento en el que te sintieras completamente en paz y relajado. Un momento de tu vida en donde supieras que estabas seguro de cualquier daño y te sintieras protegido. Un lugar seguro que puedas visualizar bien en tu mente.

Recuerda ese lugar con todo el detalle

posible, tomate el tiempo para recordar cómo se veía el lugar, los sonidos ahí y los aromas presentes. Imagina que regresas ahora y disfrutas cómo se siente el aire, la luz del sol y, si corresponde, la sensación de la tierra conectando con tu piel.

Explórala completamente, recordando los sentimientos asociados con ese preciso momento y disfruta de volver a él una vez más. Cuando hayas terminado, toma respiraciones profundas de nuevo y empieza a salir de la meditación.

Capítulo 8

Meditación guiada

Técnicas más avanzadas para meditadores prácticos

En este capítulo iremos a través de técnicas más avanzadas a las que puedes moverte cuando hayas obtenido más práctica. La primera técnica avanzada está diseñada para ayudarte a re balancear los chacras o energías centradas del cuerpo. Hay 7 estructuras primarias e iremos a través de una meditación específica para cada una de ellas. Luego nos moveremos a la meditación guiada.

Balanceo de Chacras

En la filosofía oriental, hay energías centradas en el cuerpo y cada una de ellas controla un área en el cuerpo. Estos centros están alineados con la línea de la espina y alcanza desde la corona de tu cabeza hasta la base de la espina. Cuando uno o más de estos centros se desbalancea, las enfermedades y una falta general de vitalidad pueden aparecer como resultado.

Se cree que la energía se mueve desde la base de la espina hasta la corona de la cabeza. El bloqueo en cualquiera de estos centros puede evitar el apropiado fluido de las energías a través del cuerpo.

La mayoría de nosotros nunca vemos estos chacras, pero se cree que son básicamente centros de energía que giran constantemente y contribuyen a la buena condición física y espiritual. No es difícil para estos chacras estar fuera de balance y es por eso que es relativamente importante asegurarse que hagas estas meditaciones de chacra de forma general y, más importante, cuando te estés sintiendo enfermo o te falte energía.

Para empezar a ver de lo que estoy hablando sobre los chacras, sostén una mano sobre la corona de tu cabeza por encima de una pulgada más o menos sin que toques directamente la cabeza.

Deberás ser capaz de sentir una diferencia sutil en la energía que sale del cuerpo. Repite el ejercicio, esta vez recorre tu mano por tus brazos, de nuevo manteniendo una pulgada de distancia sin tocar directamente el brazo. Deberás sentir un poco de disturbio sutil en el campo de energía o aura del cuerpo.

También puedes sentir apretado en las áreas en donde están los chacras si estos están cerrados. Cuando estés sean re balanceados deberás sentirlo inmediatamente y también tener un aumento de energía al mismo tiempo.

Lee sobre cada uno de los siguientes chacras para identificar cuáles podrían estar bloqueados y luego enfocar tu meditación en esos chacras primero.

Alternamente, puedes meditar normalmente y luego trabajar en los chacras individualmente para ayudar que la energía fluya de nuevo. Abajo he enlistado los sonidos tradicionales que se cantan para abrir los chacras, cada uno de estos resonará con un chacra en particular y te ayudará a desbloquear el flujo de energía y deberá ser dicho en voz alta en orden de obtener un mejor resultado. Todos estos sonidos son muy simples y fáciles de pronunciar; sin embargo, la pronunciación para los sonidos terminados en "am" es ligeramente diferente a la forma en que estás acostumbrado a usarlo. La correcta pronunciación aquí es "um".

De igual forma, puedes recitar el mantra que he enlistado con cada chacra, esto puede ser recitado silenciosamente o en voz alta, como prefieras. Puede ser más fácil, al menos al inicio, memorizar los sonidos que decirlos, pero, de nuevo, esto queda a tu descubrimiento.

El primer chacra

Este es el chacra más bajo y se puede encontrar en la base de la espina y es el chacra más cercano a estar relacionado con nuestros instintos de supervivencia. Si te sientes miedoso, inseguro o a la deriva, o si tienes problemas confiando en las personas, este chacra puede estar bloqueado. Empieza tu meditación normalmente con respiraciones profundas y relajando el cuerpo.

Concentra tu meditación en el punto del chacra en la base de la espina y repite la palabra "Lam" o repite la frase "Estoy seguro de mí mismo y mi lugar en el mundo físico".

El segundo chacra

Está en un lugar cercano a un par de pulgadas por debajo del ombligo. Si estas batallando por conectar emocionalmente con las personas, con tu sexualidad o tienes un bloqueo creativo, este chacra puede estar bloqueado. También puede estarlo si te encuentras a ti mismo avergonzado de la forma en que te miras o inhibido cuando se trata del seo. Desbloqueando el flujo de energía aquí puede traer a la memoria recuerdos de abusos o problemas sexuales, así que debes estar listo para lidiar con esto cuando aparezcan. Esto será un vistazo rápido de memorias y eventualmente te sentirás más poderoso, más juguetón y mejor para conectar con los que te rodean.

Enfoca tu meditación en este punto y repite la palabra "Vam" (pronunciada como hum) o repite la frase "Soy sexual, altamente creativo y en contacto con mis emociones".

El tercer chacra
Este chacra está situado justo en el plexo solar, justo al sur del diafragma. Si estas batallando con ser sincero, si estas dejando que las personas caminen sobre ti, o rehusándote a admitir tus propias emociones, podrás encontrar que hay un problema con la energía de esta área. Cuando el bloqueo sea liberado, podrás sentir temporalmente rubor de vergüenza o ira, pero esto no durará mucho y será reemplazado agregando más energía e incrementando la confianza en ti mismo y un nuevo ánimo por la vida.

Enfoca tu meditación en este punto y repite la palabra "Ram" o repite la frase "Tengo confianza en todos los que me rodean, incluyéndome".

El cuarto chacra
Está centrado, sin sorprendernos, en el

medio del pecho, solo un poco a la derecha del corazón. Si estas falto de autoestima o si te sientes alejado de las personas, si te detestas a ti mismo y te resientes con los demás, este chacra puede estar bloqueado. Si ese es el caso, será difícil para ti aceptar el amor de los demás y mostrar amor a los otros.

Viejos dolores pueden aparecer brevemente cuando este chacra se desbloquee, pero será rápidamente reemplazado por sentimientos de júbilo y amor.

Enfoca tu meditación en este punto y repite la palabra "Yam" o repite la frase "Soy fácil de amar y encuentro fácil amar a los demás".

El quinto chacra

Está centrado en la garganta y esta comúnmente conectado a la auto expresión, franqueza y honestidad. Si está bloqueado, encontrarás difícil comunicarte abierta y honestamente con los demás, sin necesidad de autocensurarte con el fin de ganar aprobación.

Cuando este se desbloquee, podrás sentirte apresurado por pensamiento de lo que quieres expresar y un incremento de la autoestima, permitiéndote expresarte sin miedo a ser ridiculizado o rechazado.

Enfoca tu meditación en este punto y repite la palabra "Ham" o remite la frase "Estoy en derecho de decir lo que pienso".

El sexto chacra
Está centrado en el punto entre tus cejas y está asociado con el tercer ojo. Esta más comúnmente asociado con la claridad de visión, de pensamientos e intuiciones. Si luchas por enfocarte en la verdad real debido a tu baja autoestima, estas sesgado o no puedes mirar hacia el futuro, puede haber un bloqueo en este chacra.

Cuando este chacra es restaurado en su balance, puedes esperar tener una cantidad de ideas diferentes y volverte más intuitivo. Tu sentido de intuición puede incluso bordear una segunda visión. También estas más obligado a ver las cosas con claridad mucho más que antes.

Enfoca tu meditación en este punto y

repite la palabra "Om" o repite la frase "Soy un pensamiento claro y perspicaz".

El séptimo chacra

Este es el chacra final y está en la corona de tu cráneo, es considerado el enlace con el mundo espiritual. Sentirte mal con tu ser espiritual puede ser una indicación que este chacra este fuera de balance.

Abrir este chacra puede resultar en el sentimiento de paz absoluta y la sensación de que has sido bendecido. Te vuelves más consciente espiritualmente.

No hay un sonido especial o frase para usar cuando se trata de este chacra debido a su naturaleza.

Meditación guiada

Una meditación guiada es simplemente una meditación que tiene un guion. Puedes escribir el guion por ti mismo y luego leerlo en voz alta mientras lo grabas, reproducirlo después o puedes buscar en internet por una de muchas meditaciones guiadas disponibles. Si eso no es una opción, puedes encontrar una guía escrita y seguir los pasos.

Básicamente lo que sucede es que eres encaminado a la meditación paso por paso. Las versiones pre grabadas, música o sonido ambiente son usualmente reproducidas para incrementar la sensación de relajación y calma.

Por ejemplo, puedes ser guiado a la calma a través de un jardín pacifico o por una caminata en la playa.

Las ventajas de usar una meditación guiada es que las imágenes se te son explicadas, no tienes que depender tanto de los lugares que has visitado.

Si tienes problemas concentrándote con otras formas de meditación, esto puede ser la forma ideal de calmar la mente mientras tengas la voz de la persona leyéndote la meditación guiada.

Hay muchos temas que pueden abordar la meditación guiada, esto puede ser para inducir a la relajación, promover la curación o incluso balancear los chacras.

Para escoger la meditación guiada, es importante tener algunos campos de referencia que puedes dibujar. Por ejemplo, una meditación fijada en un jardín obligatoriamente tendrá elementos que conoces por tu experiencia; si toda la meditación es un territorio no familiar para ti, podrás tener problemas siguiendo las imágenes.

Si vas a descargar la meditación, trata de tener una muestra de la meditación antes de que descargues todo. Una vez compré un CD de meditación en línea, cuando lo recibí, me di cuenta que no soportaba la voz del guía, como resultado, el CD no era bueno para mí y tuve que regalarlo.

Meditación para abrir el corazón

Esta meditación te ayuda a abrir tu corazón e iniciar el flujo incondicional de amor a ti mismo y a los demás. Querrás empezar con 5 o 10 minutos de meditación básica, según responda la relajación o el seguimiento de tu respiración, para profundizar y estabilizar tu concentración.

Empieza por cerrar tus ojos, haz un par de respiraciones profundas y relaja tu cuerpo. Recuerda un tiempo en el que te sintieras profundamente amado, pasa un par de minutos viviendo en este recuerdo y dejando que tu corazón responda. Nota la gratitud y amor que surge de la persona que te amo.

Deja estos sentimientos de amor fluyan y gradualmente bañen todo tu ser. Déjate llenar con el amor. También puedes querer expresar los deseos e intenciones que están debajo de este amor; por ejemplo, puedes decirte a ti mismo, como el budista hizo, "Puedo ser feliz. Puedo ser pacifico. Puedo estar libre de sufrimiento". Siéntete libre de usar las palabras que creas correctas. Como beneficiario, asegúrate de recibir el amor y expresarlo.

Cuando te sientas completo contigo mismo, imagina que extiendes ese amor a una persona amada o a un amigo querido, usando palabras similares para expresar tus intenciones.

No te apures, mientras extiendes tu amor, permítete sentir lo más que puedas, más que simplemente imaginarlo. Medita de esta manera al menos una vez a la semana y mira cómo el amor llega a tu vida en general.

Meditación para limpiar tu centro

Esta meditación te permitirá limpiar la tensión y cualquier emoción profunda y negativa en el área abdominal. Comienza por sentarte cómodamente y tomando un par de respiraciones profundas. Enfócate en tu cuerpo. Deja que tu enfoque baje hasta la parte baja de tu abdomen y estomago mientras gentilmente relajas esa parte de tu cuerpo. Conscientemente deja ir cualquier tensión.

Respira profundamente de forma que tu respiro sea capaz de entrar y extenderse en tu estómago. Cuando respires hacia dentro, tu estomago se levanta, cuando exhales, tu estomago cae. Con cada respiración, continúa relajando tu estómago, deja ir cualquier enojo, miedo, dolor o cualquier pena sin resolver que puedas estar sosteniendo en el área de tu estómago.

Mientras continúes relajando tu estómago, notarás como responde tu corazón. Luego de al menos 5 minutos de esta meditación de limpieza del centro, abre tus ojos y continúa tu día. Desde entonces y siempre, checa tu ombligo, si notas que esta tenso de nuevo gentilmente respira y suaviza.

Capítulo 9:

Terminando la meditación

Relájate en el mundo real

Ahora has completado tu meditación y te sientes maravilloso. Es hora de volver al mundo real. Esto, sin embargo, es algo a lo que no debes apresurarte y es por eso que recomiendo que no apures tus sesiones de meditación o las presiones cuando estés bajo presión. En este capítulo veremos cómo regresarte de un estado meditativo.

Cuando estés terminando

Empieza por traer tu mente al presente, puedes incluso decir algo como "es hora de despertar" y luego abrir tus ojos, parpadea un par de veces y piensa un poco en cómo fue tu meditación ¿lograste explorar todo lo que querías o algunas cosas aparecieron y te gustaría explorarlas en el futuro?

¿Cómo te sientes?

Descubre cómo te sientes ¿relajado con un poco de sueño o completamente re energizado?, si te sientes relajado y con sueño, necesitas sentarte tranquilamente por un minuto o dos antes de moverte al siguiente pasó. Si te sientes energizado puedes pasar al siguiente paso.

Estírate y respira

Ahora vas a estirar tus brazos y piernas, asegúrate de hacerlo muy bien. Respira profundamente a la cuenta de 4, mantenlo por la cuenta de 4 y exhala a la cuenta de 3, repite un par de veces más hasta que te sientas un poco más organizado.

Levántate y haz notas

Ahora puedes levantarte y prepararte para continuar con tu día. Puedes, si quieres, hacer notas sobre cómo estuvo pero no es estrictamente necesario; sin embargo, si se te cruzaron cosas que te gustarían explorar en el futuro, haz una nota sobre eso.

Regresa a la vida

Ahora puedes regresar a tu día normal.

Capítulo 10:

Problemas que puedes encontrar

Cuando no funciona para ti

No voy a mentirte, habrá tiempos en los que simplemente será imposible que te sientes a meditar, en otras veces, no será efectivo para ti. Si conscientemente te encuentras teniendo problemas con una meditación en particular, puede ser que el método elegido no sea el correcto para ti en ese momento en particular. Si funciona probar diferentes métodos en un periodo de tiempo. En este capítulo veremos los problemas más comunes que las personas se encuentran cuando meditan y cómo lidiar con ellos.

Falta de tierra

No hay duda de que a veces la meditación puede dejarte el sentimiento de no tener conexión con la tierra algunas veces. Lo que generalmente ocurren en estos casos es que los chacras más bajos han sido más lentos para ser balanceados. El resultado final es que puedes terminar con los chacras más altos girando como deberían y liberando mucha energía mientras que los chacras más bajos están simplemente estancados. Esto puede llevarte a vivir más en tu mente que a estar físicamente conectado a la tierra y puede ser combatido con la siguiente meditación:

Siéntate en una posición cómoda y cierra los ojos. Inhala y exhala profundamente por un par de minutos. Mantén una buena postura, concéntrate en tu segundo chacra (el que está justo debajo de tu ombligo), este también es considerado el área del chi o de la energía de vida.

Concéntrate en esta área, toma nota de cómo te sientes. Ahora enfócate en tu respiración en esa misma zona. Inhala y expande el abdomen, exhala y déjalo que se contraiga. Continúa haciendo esto por unos minutos, dejando tu concentración ahí.

Al hacer esto, estas cambiando efectivamente tu centro de gravedad a esta área y esto te ayudará a sentirte más conectado con la tierra. Ahora imagina que eres un gran árbol con grandes raíces que se extienden profundamente en el suelo. Estas raíces deben emanar de tu segundo chacra y proveerte una profunda conexión con la tierra.

Imagina el constante flujo de energía de las raíces a tu segundo chacra y de nuevo, completamente conectándote con la tierra. Inhala y extrae energía de las raíces, exhala y empújalas hacia el suelo. Continúa hasta que te sientas completamente conectado con la tierra y hasta que tu segundo chacra se sienta abierto y desbloqueado.

Pensamientos inesperados

Con el tiempo, aún con la práctica, es posible que algunas emociones continúen burbujeando por la superficie y esto puede ser una gran distracción; también puede ser muy estresante, dependiendo de las emociones involucradas.

Es como un DVD con rasguños, los pensamientos quedan atascados en un lugar y el DVD simplemente no puede pasarlos. No importa lo mucho que trate en meditar en emociones positivas, siempre hay una probabilidad que las negativas aparezcan en la superficie.

Esto puede parecer al inicio como un fracaso al meditar, pero lo que realmente está pasando es que realmente te estas moviendo al siguiente paso de la práctica de meditación y estás listo para aprender nuevas técnicas que te ayuden a seguir adelante. Este estado no debe parecer una regresión sino una progresión, te has convertido tan adepto a conectarte con el subconsciente que te pone pensamientos e imágenes que tu mente consciente preferiría ignorar ¡Bienvenido a la introspección!

Si estos son pensamientos que realmente preferirías lidiar en un estado más largo, concéntrate en contar tu respiración de forma que puedas distraer tu mente de esos pensamientos.

Si estás listo para explorarlos, es bueno sentarte y observar qué sentimientos son, cómo te hacen sentir y cómo reacciona tu cuerpo. Lidiando con estos sentimientos lo más pronto posible te ayudará a alejarte de ellos y empezar a vivir tu vida de forma más libre y menos estresante.

Mucha gente encuentra estos sentimientos relacionados con traumas que les han causado gran estrés por muchos años y ahora, mientras es doloroso examinar esos sentimientos, es la única forma de superarlos.

Eres muy duro contigo mismo

Es de naturaleza humana tender a ser duros con nosotros mismos que con los otros. Piensa en alguna de las cosas que te has dicho a ti mismo cuando has cometido un error ¿cuántas de esas cosas le dirías a un amigo si cometiera el mismo error?

Esto es algo típico de nosotros, mientras somos muy comprensivos y apoyamos a un amigo que comete esos errores, somos mucho menos comprensivos con nosotros mismos. Podemos mirar en las emociones que aparecen en la meditación y enojarnos con nosotros mismos por pensar en ellas o podemos verlas incluso como debilidades personales.

No hay tal cosa como la debilidad cuando se trata de enfrentar tus propias experiencias. Tal vez no actuamos de la manera que quisiéramos, pero hicimos lo mejor que pudimos en ese momento en particular.

Para empezar amarte a ti mismo, debes darte a ti mismo un descanso, las cosas no siempre irán perfectas y no debes esperar que sea así siempre.

Ve la meditación como una forma de explorar los sentimientos más a profundidad y de ver los patrones de tu comportamiento que quisieras cambiar, más que una oportunidad de sentarte a criticarte a ti mismo. Amarte a ti mismo comienza con la simple aceptación de todas tus experiencias de vida y aceptar que nunca harás todo perfectamente.

La meditación no siempre será una experiencia buena para ti, te encontrarás a ti mismo distraído o aburrido. Es mejor aceptar esos sentimientos por lo que son y avanzar con ellos.

Sentir sueño

Esta es una queja común de los que meditan y es el resultado de dos cosas, puede ser que te estas relajando más de lo que normalmente haría o puede ser una forma de tu mente de distraerte de lo que estás haciendo.

Por ejemplo, encuentro que cada vez que me siento a escribir, empiezo a sentirme con sueño, no importa cuánto tiempo haya descansado, sé que es la forma de que mi mente trata de distraerme de las tareas que tengo a la mano y que tengo que empoderarme e ignorarlas. Esto se puede decir fácilmente, pero si persevero y le muestro a mi mente que no me daré por vencido el sueño se va.

Puedes hacer algo similar cuando meditas. Simplemente rehusándote a dejarte llevar por el sueño e incluso considerar explorarlo en orden de vencerlo. Has el sueño el foco de tu meditación si quieres, piensa cuándo te sientes con sueño ¿es un cansancio físico o es el resultado del aburrimiento? ¿Es una forma de esquivar sentimientos que no quieres enfrentar?

Si es eso último, explóralo con mayor detalle ¿qué es lo que intentas evitar al quedarte dormido?

Mientras adquieras más práctica en tu meditación, podrás darte cuenta que tu cerebro de hecho cambia por la falta de estimulación. Si este es tu caso, simplemente debes levantarte y moverte para ayudar a despertarte o abre tus ojos y siéntate derecho.

Sintiéndote inquieto

Sentirse inquieto en otro problema común que las personas encuentran al meditar. Puede ser que tengas muchas cosas en tu mente o que tengas un día muy ocupado a la espera, cualquiera sea la razón, no puedes simplemente establecer una meditación y querer levantarte y hacer otra cosa.

Cuando esto pasa, no lo ignores, analízalo. En vez de ignorarlo, llámalo por lo que es –inquietud- y busca reacciones en tu cuerpo que hayas tenido. Empieza buscando sentimientos de inquietud o tensión. Mira la forma en que estas sentado ¿estás sentado cómodamente o estás listo para la acción en cualquier momento? No niegues que estas inquieto, mejor explorarlo en el futuro para obtener lo que quieras de esa experiencia.

También presta atención a lo que pasa por tu mente en ese punto. Es como un cachorrito que no sabe si jugar con la pantufla, correr en el jardín o morder tus dedos de los pies; o estas enfocándote demasiado en un área y no dejando pasar otros pensamientos.

Lo que quieres hacer es ver la inquietud como un observador imparcial y no dejarte llevar a esa locura. Si sientes que no serás capaz de ser un observador imparcial y preferirás pararte e irte, entonces tal vez debas cambiar a un método diferente de meditación tal como contar las respiraciones.

La inquietud también puede ser una forma de tu cerebro de evitar ciertos temas con los que no quiere lidiar.

Aburrimiento

La mayoría de nosotros se siente aburrido

como resultado de que la cosa en que nos estamos enfocando tiene poco valor o interés para nosotros. La verdad es que necesitas examinar tu aburrimiento de más cerca porque es más probable que no surja de la falta de atención o porque tengas una idea preconcebida de lo que es aburrirse.

El hecho es que la mayoría de las personas han sido sobre estimuladas, estamos acostumbrados a estudiar mientras escuchamos la radio o mantenemos conversaciones durante las películas, etc.; el problema ahora es que esas tareas requieren de nuestra atención en una simple tarea a la vez y terminamos por sentirnos aburridos.

El aburrimiento puede resultar en perder mucho de nuestras vidas. Tal vez evitemos sentarnos quietamente porque es muy aburrido y por eso perdemos la calma que produce la quietud en general.

Cuando te sientas aburrido durante la meditación usa esto como una oportunidad de explorar completamente esa sensación ¿cómo reacciona tu cuerpo?

¿Cómo reacciona tu mente? Incluso el aburrimiento puede ser interesante si simplemente eliges examinarlo.

Miedo

En otras veces encontrarás que tu mente está llena de miedo y quizás de sentimientos que nunca habías tenido. Incluso descifrar de dónde proviene originalmente puede ser difícil, pero es un útil ejercicio para realizar. Quizás tengas miedo de algo o estés ansioso sobre algo de una forma en que no te habías dado cuenta.

Lo que puede estar pasando es que tú en tu estado de relajación, tu subconsciente ha liberado estos miedos de tu mente para que puedas explorarlos y deshacerte de ellos para siempre. Este consejo puede ser aterrador al inicio, puede haber miedos relacionados con incidentes que conscientemente has empujado al fondo de tu mente por años y quizás prefieras que se queden ahí. Te invito a que tomes un tiempo para lidiar con esos miedos, es la única forma en que puedes romper con patrones negativos de tu vida que pueden estar reteniéndote.

El miedo es un desafío no un obstáculo

De hecho, es mejor ver el miedo como un desafío con el que lidiar en vez de un obstáculo en tu vida. Piensa en todas las cosas que te has perdido porque el miedo era un problema para ti, quizás nunca le preguntaste a quien te gustaba a salir en una cita por el miedo a ser rechazado; tal vez fueras menos aventurero de lo que te gustaría ser, de nuevo por el miedo. Sobre todo, debes asegurarte de que el miedo no es lo que te está conduciendo y previéndote de vivir la vida a plenitud.

Identifica y trabaja con las razones detrás de los miedos y descubrirás que se vuelve un desafío excitante.

Dudas

Otro truco que a tu mente le puede gustar jugarte es el de poner en duda toda la validez del proceso, como resultado, tus sesiones de meditación pueden terminar estando completamente atormentada por dudas – "¿Lo estoy haciendo bien?

¿Alguna vez funcionará para mí? ¿Es esto realmente una pérdida de tiempo? ¿Cómo puedo controlar mi mente? ¿Cómo puede ser útil contar mi respiración?- y así.

Nuevamente, esto podría ser otra táctica que emplea tu mente para mantenerte y esas dudas rara vez son un reflejo de tu vida interior. Solo preserva y posiblemente medita en estas dudas – provee respuestas para silenciar a tu critico interno-. Básicamente solo deja que tu mente sepa que estas en completo control y que intentas mantenerla con la práctica de la meditación, no importa que bloqueos en los caminos trate de ponerte.

La duda puede también ser el resultado de esperar demasiado de ti mismo o estableciendo metas irreales cuando se trata de la meditación. Por ejemplo, poner una meta de quedarte por 5 minutos enfocado en tu respiración es un objetivo de principiante razonable. Establecer una meta de explorar el significado de la vida por una hora es completamente irrazonable para un principiante.

Tienes la idea de lo que quieres alcanzar

con cada meditación pero aprovecha cada nueva sesión como una experiencia por sí misma y eliminar cualquier expectativa de la ecuación. Solo sigue con ella y encontrarás los beneficios con el tiempo.

Si encuentras que las dudas que están en tu mente están haciendo imposible que te concentres, entonces considera meditar en esas dudas y cómo te hacen sentir. Lidia con cada duda, una a la vez y medita de dónde provienen, aún sí son válidas o no, tengas o no una refutación satisfactoria.

Procrastinar

Esta es una gran parte de la condición del ser humano con la cual muchos de nosotros han batallado con los años. Tal vez has leído este libro y pensado que serás capaz de meditar una vez que lo hayas leído por segunda vez, quizás escojas una fecha futura o encuentres una razón para no meditar aquí y ahora.

Este es un error grave, no necesitas ser un experto para obtener beneficios de la meditación, pero necesitas empezar en un punto o en otro. Al poner constantemente de lado el inicio de tu meditación puede ser una señal de que estés preocupado de que lo harás incorrectamente o no puedas terminarla.

Estos miedos no importan en el grane esquema de las cosas, incluso si solo eres capaz de meditar un minuto, es aún una ganancia.

Mira las razones por la que sigues dejándolo de lado. No dudo que puedan tener sentido al inicio, pero es poco probable que se mantengan, de hecho, es mucho más probable que estés procrastinando porque tengas miedo a fallar en esto.

Hipervigilancia

Hay personas que simplemente están alertas todo el tiempo. Están constantemente alerta por cosas que podrían o no salir mal, si estas siempre de esta forma eres una típica personalidad tipo A, puede ser difícil, al menos al inicio, de apagarte del mundo exterior.

Podrás encontrar durante tu meditación que en vez de relajarte o de ser capaz de concentrarte en tu mundo interior, estas más atento que nunca a los sonidos y olores del exterior. Querrás también chequear constantemente en que tan bien lo estás haciendo. En ambas instancias, la hipervigilancia es motivada por el miedo, ya sea que sea el resultado de algo interno, como el miedo de no ser suficientemente bueno; o de algo externo como el miedo de que las personas piensen que te has vuelto excéntrico.

La mejor forma de superar esto es simplemente ponerte en el inicio de la meditación. Tú puedes meditar sobre tus sentimientos y por qué aparecen de esa manera, al mismo tiempo, puedes decidir darte un descanso, meditando de forma normal ya sea que eso implique escuchar cada sonido externo o no.

Juicio personal
Esta es una emoción que está obligada a aparecer una y otra vez. Generalmente puedes sentir que tú haces todo mal o que no puedes hacer la meditación bien. El juicio personal está listo para surgir en

cualquier momento y es mucho más difícil de ignorar tu auto crítica cuando estas meditando.

Lidiar con tu auto crítica es muy simple. Para empezar, analiza que ha dicho la crítica y chequea la validez del argumento. Por ejemplo, tu crítica interna te dice que nunca harás nada bien, puedes meditar en eso un poco y probar que es no es cierto, puede que hayas cometido errores varias veces, pero ciertamente también tienes éxitos.

Picazón en el cuerpo y otras distracciones

Muchas personas encuentran durante su experiencia la sensación de picazón en la meditación o que siguen escuchando la misma canción una y otra vez en sus cabezas.

Así como con otras distracciones, lo que vas a hacer es nombrar a lo que te está pasando y luego ponerlo en el fondo de tu mente para que puedas continuar meditando.

Trucos como este son la forma en que tu cuerpo usualmente te distrae y de detiene de meditar. Una vez que la mente aprenda que esos trucos baratos no van a funcionar, volverá a establecerse y te permitirá continuar.

Constante chequeo de postura

Todos hemos estado ahí, estamos parados derechos y decidimos que podemos estar más derechos. Cuando medites, escoge tu postura y luego olvídate de ella. No necesitas estar ajustando tu postura, hacerlo está más encaminado a ser una distracción o el camino de tu mente para interrumpir el proceso. Es como inquietarse en la clase y es más distractor que necesario.

Después solo me siento más agitado

Al sentarte y meditar, estas dejando de lado tu trabajo usual, jugando rutinas y promoviendo la introspección sin distracciones. Al hacerlo, puedes terminar estando alerta de pensamientos y sentimientos que normalmente no registrarías conscientemente o sentimientos que tu mente habría suprimido a modo de protegerte. Tal agitación puede ser simplemente una reacción natural a la suspensión temporal de tus soportes ambientales más familiares (así como el negocio, el movimiento, estímulos sensoriales). En este caso la agitación generalmente se mantiene por mucho tiempo; si persiste puede ser por otras causas y puede que esté conectada más directamente con significados adicionales.

Simplemente no puedo hacer que mi mente juegue a la pelota ¿eso significa que no puedo meditar?

¡Para nada! Si tu mente es ruidosa, siéntate con ella, sal con tu mente inquieta y has amigos con ella. Tu trabajo no es vencerlo en sumisión, sino unir tu cuerpo y mente de forma respetuosa y compasiva. Quizás el problema sea el deseo de controlar tu mente antes de siquiera llegar a conocerla. Trata de relajarte en la inquietud y dale testimonio en vez de luchar por cambiarla.

Conclusión

¡Gracias de nuevo por descargar este libro! Realmente espero que este libro haya enseñado los beneficios de aprender a meditar y que hayas sido capaz de encontrar una manera de meditar que te quede bien.

Por favor considera este libro como una introducción a este excitante mundo y úsalo como una base para construir tus habilidades en el futuro. Te motivo a que leas más sobre meditación y aprendas más sobre ella mientras lo haces.

Todo lo queda ahora es practicar lo que has aprendido en este libro y aplicarlo en tu vida diaria.

¡Gracias y buena suerte!

www.ingramcontent.com/pod-product-compliance
Lightning Source LLC
Chambersburg PA
CBHW072010070526
44583CB00015B/1423